One Pot Kochbuch

Das Eintopf Kochbuch mit den 165 besten One Pot Rezepten

Inklusive Suppeneinlagen und selbstgemachten Zutaten

1 Auflage

Autor: Cooking Heros

Inhaltsverzeichnis

Vorwort

One Pot – wie der Name schon verrät, das gesamte Gericht wird in einem Topf zubereitet. Für viele ist dieser Gedanke unmöglich, die Pasta gemeinsam mit der Soße in einem Topf zubereiten – und die Nudeln sollen auch noch al dente sein? Beim ersten Versuch eines One-Pot-Gerichts ist jeder skeptisch, aber lasst es euch versichern, es funktioniert.

Die One-Pot-Gerichte gibt es in den verschiedensten Variationen und Kombination. Der Trend ist im Jahr 2013 durch die amerikanische Küchen Queen Martha Stewart entstanden und zu uns nach Deutschland geschwappt. Mit ihren ersten One-Pot-Pasta-Gerichten hat die Lifestyle-Unternehmerin einen regelrechten Hype ausgelöst.

Jeder kennt doch einen stressigen Alltag, man hat Kinder oder ist beruflich ziemlich eingespannt, man möchte sich aber trotzdem ausgewogen und gesund ernähren. Mit den One-Pot-Gerichten von Cooking Heros zeigen

wir euch wie einfach es ist, eine schnelle und ausgewogene Ernährung in den stressigen Alltag zu integrieren. Leckere Gerichte aus nur einem Topf. Weniger Spülen, mehr genießen und viel mehr Freizeit.

Das 1x1 der One-Pot-Küche

Flüssigkeit: Die richtige Dosierung der Flüssigkeit spielt in der One-Pot-Küche eine wichtige Rolle. Um eine geschmackliche Vielfalt zu erhalten, kann nicht nur Wasser verwendet werden. So können zudem Brühe, Fond, Wein, Kokosmilch, Sahne oder auch Tomaten den Geschmack positiv beeinflussen und ein gewisses Aroma in jedes Gericht zaubern.

Gemüse: Bei der Auswahl des Gemüses sind keine Grenzen gesetzt, alles was schmeckt, kann verwendet werden. Jedoch sollte beachtet werden, dass hartes Gemüse, wie Kartoffel und Möhren, sofort in den Topf können, zartes Gemüse wie Zucchinis etwas später und Blattgemüse sollte erst zum Ende der Garzeit in den Topf gegeben werden.

Fleisch und Fisch: Für die One-Pot-Gerichte eignet sich am besten mageres Fleisch und Geflügel, sowie Hackfleisch und Schinken. Auch Fisch und Meeresfrüchte lassen sich einfach und gut verarbeiten. Für Vegetarier kann als Alternative natürlich Tofu oder Halloumi verwendet werden.

Kohlenhydrate: Nudeln, Reis, Kartoffeln, Getreide und Hülsenfrüchte garen von Anfang an im Topf mit und sorgen mit ihrer Stärke für eine natürliche Sämigkeit im Gericht.

Gewürze, Kräuter und Pasten: Mit Gewürzen, Kräutern und diversen Pasten kann man seinen Gerichten eine internationale Note verleihen und schafft eine Vielfalt in seinen Gerichten. Die Gewürze und Pasten wie Curry, Harissa oder Masala können schon zu Beginn in den Topf gegeben werden. Auch Kräuter wie Thymian, Rosmarin und Lorbeer garen von Anfang an mit, frisch gehackte Blätter wie Basilikum und Petersilie kommen erst zum Schluss mit in den Topf und sorgen für eine frisch und aromatische Note.

One Pot – für alle mit großem Hunger, die aber keine Lust auf Spülen haben.

Rezeptewelt

Rezepthinweise

Pck. = Packung
St = Stück
g = Gramm
kg = Kilogramm
ml = Milliliter
cm = Zentimeter
cl = Zentiliter
l = Liter
Msp. = Messerspitze
TL = Teelöffel
EL = Esslöffel
HV = Handvoll
n.B.= nach Bedarf

Selbstgemachte Zutaten

Ajvar

Zutaten

450 g Paprika
1 große Knoblauchzehe
100 g Auberginen
1 TL Kräuter-Meersalz
30 ml Olivenöl

Dauer: 15 Minuten | **Schwierigkeit:** leicht

Zubereitung

1. Die Paprika halbieren, entkernen und in Stücke schneiden.
2. Die Knoblauchzehe halbieren.
3. Die Aubergine mit Schale in Stücke schneiden.
4. Die festen Zutaten in der Küchenmaschine fein zerkleinern.
5. Das Öl dazugeben und alles in einem Topf kurz aufkochen und dann auf kleiner Hitze **10 Minuten** köcheln lassen.
6. Das Ajvar heiß in Gläser füllen. Die Gläser **5 Minuten** auf den Kopf stellen.

Brot im Glas

Zutaten für 4 Gläser a`500 ml:

1 Pck. Trockenhefe
1 TL Salz
¼ l lauwarmes Wasser
400 g Vollkornmehl
100 ml Olivenöl
Paniermehl
Etwas Öl zum Einstreichen

Dauer: 35 Minuten | **Ruhezeit:** 3 ½ Stunden | **Schwierigkeit:** leicht

Zubereitung

1. Die Hefe und das Salz im Wasser auflösen, dann etwa **15 Minuten** gehen lassen.
2. Das Mehl und Öl dazugeben und einen luftigen Teig kneten.
3. Die Gläser innen mit Öl einpinseln, das Paniermehl an Rändern und Boden verteilen.
4. Den Teig in Kloßgröße in die Gläser geben und etwa **3 Stunden** zugedeckt gehen lassen.
5. Den Backofen auf 220°C vorheizen und die Gläser geöffnet **25-30 Minuten** backen.
6. Nach der Backzeit die Gläser **10 Minuten** im geöffneten Ofen stehen lassen, dann verschließen.

Brühpulver - Pilzgranulat

Zutaten

50 g Shiitake-Pilze
1 TL Curry
1 TL gemahlener Kümmel
1 TL Muskat
1 TL Salz
1 TL Zucker

Dauer: 10 Minuten | **Schwierigkeit:** leicht

Zubereitung

1. Die Pilze klein hacken, dann in der Küchenmaschine zu Pulver zerkleinern.
2. Die Zutaten portionsweise im Mörser zermahlen.
3. In Gläser abfüllen und dunkel lagern.

Dinkelbrot im Glas

Zutaten

Öl
Semmelbrösel oder Paniermehl
½ Würfel frische Hefe
180-200 ml lauwarmes Wasser
250 g Dinkelmehl
2 TL Agavendicksaft
½ TL Salz

Dauer: 30 Minuten | **Ruhezeit:** 3 Stunden | **Schwierigkeit:** leicht

Zubereitung

1. Die Gläser innen mit Öl auspinseln und mit Semmelbröseln ausstreuen.
2. Die Hefe und das Salz im Wasser auflösen.
3. Das Mehl und den Agavendicksaft dazugeben und einen glatten Teig kneten.
4. Den Teig halbieren und jeweils in 1 Glas füllen. Dann etwa **3 Stunden** zugedeckt gehen lassen.
5. Die Gläser im Backofen bei 220°C etwa **20 Minuten** backen.
6. Nach dem Backen die Gläser **10 Minuten** im geöffneten Backofen stehen lassen und danach verschließen.

Einfaches Brühpulver

Zutaten

25 g Porree
85 g Möhren
150 g Tomaten
140 g Zwiebeln
65 g Sellerie
10 g Petersilienblätter
40 g Meersalz

Dauer: 30 Minuten | **Schwierigkeit:** leicht

Zubereitung

1. Das Porree, Möhren, Tomaten, Zwiebeln, Sellerie und Petersilie in feine Würfel schneiden.
2. Alle Zutaten im Mixer fein pürieren.
3. Eine Auflaufform mit Backpapier auslegen und die pürierte Masse darauf verteilen.
4. Im Backofen bei 75°C **8 Stunden** trocknen lassen.

Hinweis: Das Brühpulver hält sich etwa 10 Wochen.

Fisch- und Fleischfond

Zutaten

Fischfond: Flossen, Gräten, Haut und Kopf
Fleischfond: Fett, Knochen und Knorpel
Petersilie oder Liebstöckel
Pfeffer
Salz

Dauer: 35 Minuten | **Schwierigkeit:** leicht

Zubereitung

1. Die Reste in einem großen Kochtopf mit Wasser bedecken.
2. Mit Petersilie oder Liebstöckel würzen.
3. Den Topfinhalt einmal kurz aufkochen und dann ziehen lassen, bis die Knochen o.a. einen guten Geschmack abgegeben haben.
4. Die Zutaten durch ein Geschirrtuch absehen und den Fond mit Pfeffer und Salz abschmecken.
5. Den Sud noch heiß in Gläser abfüllen.

Schupfnudeln selber machen

Zutaten

1 kg mehlig kochende Kartoffeln
130 g Mehl
20 g Speisestärke
1 Ei
Muskat, Salz

Dauer: 50 Minuten | **Schwierigkeit:** leicht

Zubereitung

1. Die Kartoffeln waschen und etwa **20 Minuten** kochen. Abgießen, abschrecken und schälen. Durch die Kartoffelpresse drücken.
2. Die restlichen Zutaten zum Kartoffelbrei geben und zu einem glatten Teig verrühren. Etwa **20 Minuten** ruhen lassen.
3. Auf einer bemehlten Arbeitsfläche den Teig zu etwa 30 cm langen fingerdicken Rollen formen und diese in 5-6 cm lange Stücke schneiden.
4. Aus den Stücken Schupfnudeln formen.
5. In einem weiten Topf Salzwasser aufkochen und die Schupfnudeln darin etwa **5 Minuten** bei kleiner Hitze ziehen lassen.
6. Die Nudeln mit einer Schaumkelle aus dem Wasser heben und abtropfen lassen.

Gemüsefond

Zutaten

Alle Gemüse und Kräuter des Gartens, auch Reste, Schalen und Strünke
Frische Gewürze – Petersilie, Liebstöckel usw.
Pfeffer
Salz

Dauer: 30 Minuten | **Schwierigkeit:** leicht

Zubereitung

1. Die Kräuter waschen, fein hacken und mit dem Salz in eine Topf geben.
2. Das Wasser angießen und alles etwa **20 Minuten** bei kleiner Hitze köcheln.
3. Den Sud durch ein Sieb oder Kaffeefilter abseihen.
4. Die Sojasauce und den Zucker einrühren.
5. Die Würze in Glasflaschen mit engem Hals abfüllen.

Flüssigwürze „Magie“

Zutaten für etwa 250 ml

25 g Petersilie
50 g Liebstöckel
25 g Salz
1 TL Zucker
250 ml Wasser
Optional: 1 EL Sojasauce

Dauer: 15 Minuten | **Schwierigkeit:** leicht

Zubereitung

1. Das Gemüse und Kräuter in einem Kochtopf mit Wasser bedecken.
2. Den Topfinhalt einmal aufkochen, dann würzen.
3. Den Fond solange im heißen Wasser ziehen lassen, bis das Gemüse weich ist.
4. Die Zutaten abseihen und den Fond mit Pfeffer und Salz würzen.
5. Den Sud nochmal aufkochen und heiß in Gläser abfüllen.

Gyros-Gewürz

Zutaten

15 g Salz
2 g getrocknete Chiliflocken
5 g gemahlener Koriander
5 g gemahlener Kreuzkümmel
2 ½ g getrockneter Majoran
5 g getrockneter Oregano
10 g edelsüßes Paprikapulver
5 g gemahlener schwarzer Pfeffer
3 ½ g getrockneter Thymian

Dauer: 10 Minuten | **Schwierigkeit:** leicht

Zubereitung

1. In einer Schüssel alle Zutaten gut vermischen – Fertig!

Tütensuppe aus Gemüseresten

Zutaten

Kleine Buchstabennudeln oder Glasnudeln
Rohe Gemüsereste, z.B. Zwiebel, Möhre, Porree, Kohlrabi, Brokkoli
Kräuterreste z.B. Petersilie, Schnittlauch, Ingwer, Suppengrün

Dauer: 25 Minuten | **Schwierigkeit:** leicht

Zubereitung

1. Die Gemüse- und Kräuterreste in kleine Scheiben, Stifte oder Würfel schneiden.
2. Die Reste auf einem großen Teller oder Blech verteilen.
3. Das Blech oder den Teller an einen warmen Ort stellen und trocknen.
4. Die Gemüsereste mit ein paar Nudeln in Gläser abfüllen.

Kräutersalz

Zutaten für Suppen

100 g Meersalz
10 g gemischte Kräuter – Dill, Schnittlauch, Petersilie, Sellerie

Zutaten für Pizza und Pasta

100 g Meersalz
10 g Basilikum, Knoblauch, Oregano, edelsüßes Paprikagewürz – gemischt

Dauer: 5 Minuten | **Schwierigkeit:** leicht

Zubereitung

1. Das Salz mit den Kräutern oder Gewürzen vermischen.
2. Das Kräutersalz in Schraubgläser abfüllen.

Tipp: Beim Kräutersalz sind dem Ideenreichtum keine Grenzen gesetzt. Es können also alle Zutaten –außer Salz- variiert werden.

Pizzagewürz

Zutaten

1 Lorbeerblatt
½ TL Basilikum
1 TL Bohnenkraut
2 TL Oregano
1 TL Paprikapulver
¼ TL Rosmarin
¼ TL Thymian
Optional: Olivenöl

Dauer: 5 Minuten | **Schwierigkeit:** leicht

Zubereitung

7. Das Lorbeerblatt fein hacken.
8. Alle Zutaten gut vermischen und in Gläser abfüllen.
9. Die Gewürze können optional mit etwas Olivenöl bedeckt werden.

Süße Chili-Sauce

Zutaten

3-6 rote Chilischoten
1 rote Paprika
5 Knoblauchzehen
200 g Zucker
2 TL Meersalz
2 gehäufte EL Speisestärke
150 ml Weinessig
500 ml Wasser

Dauer: 15 Minuten | **Schwierigkeit:** leicht

Zubereitung

1. Die Chilischoten und Paprika halbieren, putzen und in kleine Stücke schneiden.
2. Die Knoblauchzehen schälen und klein hacken.
3. Das Gemüse im Mixer zerkleinern. Wasser dazugeben und nochmal mixen.
4. In einem Topf das Gemüsewasser kurz aufkochen lassen.
5. Den Essig und Zucker zufügen und mit Speisestärke unter Rühren andicken.
6. Die Sauce mit Meersalz abschmecken.

Tomatenmark

Zutaten für 250 ml

1,5 Kg Tomaten
1 EL Salz

Dauer: 20 Minuten | **Schwierigkeit:** leicht

Zubereitung

1. Die Tomaten waschen, vierteln und den Strunk entfernen.
2. In einem hohen Gefäß die Tomaten mit dem Stabmixer fein pürieren.
3. Den Brei mit dem Salz aufkochen lassen, die Temperatur reduzieren und auf die gewünschte Menge und Konsistenz einkochen lassen.
4. Das Tomatenmark heiß in Gläser abfüllen.

Suppeneinlagen selber machen

Grießnockerl

Zutaten für 6 Portionen

140 g weiche Butter
20 g geriebene Walnüsse
1 Prise Salz
1 Prise Muskatnuss
1 Prise weißer Pfeffer
2 Eier
280 g Grieß

Dauer: 35 Minuten | **Schwierigkeit:** leicht

Zubereitung

1. Die Butter mit den Walnüssen, Salz, Muskat und Pfeffer schaumig schlagen.
2. 1 Ei hinzufügen und gut unterschlagen. Das 2. Ei dann ebenfalls gut verschlagen und de Grieß einrühren.
3. Mit einem Esslöffel Nockerl aus dem Teig stechen und mit einem zweiten Esslöffel Nockerl formen.
4. Die Nockerl **15 Minuten** im Kühlschrank lagern.
5. In einem Topf Wasser aufkochen, dann abschalten.
6. Im Wasser die Nockerl etwa **10 Minuten** ziehen lassen.

Leberspätzle

Zutaten für 4 Portionen

500 g Rinderleber
500 g Mehl
1 Prise Salz
4 Eier
1/8 l lauwarmes Wasser

Dauer: 30 Minuten | **Schwierigkeit:** leicht

Zubereitung

1. Die Rinderleber in einer Schüssel mit einem Mixer fein pürieren.
2. Das Mehl, Salz, Eier und Wasser dazugeben und einen geschmeidigen Teig herstellen.
3. Einen Kochtopf zu ¾ mit Wasser füllen und das Wasser aufkochen. Eine zweite Schüssel mit kaltem Wasser füllen.
4. Den Teig durch eine Spätzlepresse in das heiße Wasser drücken. Das Wasser wieder aufkochen und dann köcheln lassen.
5. Die fertigen Spätzle kurz in das kalte Wasser geben und anschließend in einem Sieb abtropfen lassen.

Mehlknödel

Zutaten für 4 Portionen

5 EL Mehl
1 Ei
100 ml Wasser
1 Prise Salz
1 Msp Muskatnuss

Dauer: 35 Minuten | **Schwierigkeit:** leicht

Zubereitung

1. Aus den Zutaten einen Teig rühren, **10-15 Minuten** ruhen lassen und anschließend aus dem Teig die Knödel formen.
2. In einem Topf Wasser aufkochen, den Herd ausschalten.
3. Im noch heißen Wasser die Knödel **10-15 Minuten** ziehen lassen.

Quarkspätzle

Zutaten für 6 Portionen

250 g Quark
250 g Mehl
3 Eier
1 Prise Muskatnuss
1 Prise Salz

Dauer: 25 Minuten | **Schwierigkeit:** leicht

Zubereitung

1. Aus allen Zutaten in einer Schüssel einen glatten Teig rühren.
2. In einem Kochtopf reichlich Salzwasser aufkochen lassen.
3. Den Teig durch ein Spätzlesieb in das Wasser drücken. Das Wasser nochmal aufkochen.
4. Die Spätzle dann in kaltem Wasser abschrecken.

Schwäbische Spätzle

Zutaten für 4 Portionen

300 g Mehl
4 Eier
1 TL Salz
125 ml Wasser
Optional: 1 EL Öl

Dauer: 45 Minuten | **Schwierigkeit:** leicht

Zubereitung

1. Aus den Zutaten einen zähen Teig kneten.
2. Den Teig mit einem Rührlöffel solange weiter bearbeiten, bis er glatt und glänzend ist.
3. Etwa **20-30 Minuten** quellen lassen.
4. In einem großen Topf Wasser mit 1 TL Salz aufkochen.
5. Den Teig dünn auf ein Brett verteilen. Mit einem breiten Messer oder einem Spätzleschaber dünne Streifen vom Teig in den Topf mit dem kochenden Wasser schaben.
6. Wenn die Spätzle oben schwimmen, mit einem Sieb herausnehmen und in eine Schüssel füllen.

Hinweis: In die Schüssel immer wieder ein kleines Stück Butter geben, damit die Spätzle nicht kleben.

Speckknödel

Zutaten

120 g Schinkenspeck
150 g Brötchen vom Vortag
½ kleine Zwiebel
1 TL Butter
1 EL Petersilie
1 EL Schnittlauchröllchen
125 ml Milch
1 Ei
Pfeffer und Salz
1 EL Mehl

Dauer: 65 Minuten | **Schwierigkeit:** leicht

Zubereitung

1. Den Speck in kleine Würfel schneiden.
2. Die Brötchen in Würfel schneiden, in eine Schüssel geben.
3. Die Zwiebel schälen und fein würfeln.
4. In einer Pfanne ohne Fett den Speck auslassen
5. Die Zwiebel und Butter dazugeben und goldbraun rösten.
6. Das Gemisch mit den Kräutern zu den Brötchenwürfeln geben, gut vermengen. Mit Pfeffer und Salz würzen.
7. Die Milch mit dem Ei verquirlen, über die Brötchenwürfel gießen. Mit Mehl bestäuben und gut durchkneten. Etwa **45 Minuten** ruhen lassen.
8. In einem Topf Wasser zum Kochen bringen. Aus der Masse 12 Knödel formen und in das Wasser legen. Die Herdtemperatur reduzieren und die Knödel **10 Minuten** sieden lassen.

Suppen

1. Bihun-Suppe
2. Steinpilz-Essenz
3. Französische Zwiebelsuppe
4. Hochzeitssuppe
5. Hühner-Reis-Suppe
6. Leberknödel-Suppe
7. Tomatensuppe
8. Erkältungs-Hühnersuppe
9. Fischsuppe
10. Klassische Rinderbrühe
11. Knoblauch Suppe
12. Schwarze Bohnensuppe
13. Opas Nudelsuppe
14. Polnische Rote-Bete-Suppe
15. Sahne-Kräutersuppe
16. Paprika Essenz
17. Kokosmilch Kräutersuppe
18. Kräutersuppe „Glückauf“
19. Mittelalter Kräutersuppe
20. Pizza-Partysuppe
21. Suppe Barmherzigkeit

Bihun-Suppe

Zutaten für 4 Portionen

500 g Putenschnitzel
1 Frühlingszwiebel
1 Stange Porree
1 rote Paprikaschote
1 Stange Staudensellerie
250 g frische Champignons
Hühnerbrühe nach Bedarf – selbstgekocht
1 TL Sambal Oelek
1 Pck Glasnudeln
2 EL Sojasauce
Pfeffer und Salz
Rapsöl

Dauer: 45 Minuten | **Schwierigkeit:** leicht

Zubereitung

1. Das Fleisch in kleine Stücke schneiden und in eine Schüssel geben. Die Sojasauce dazugeben und mit dem Fleisch vermischen. Die Schüssel in den Kühlschrank stellen.
2. Das gesamte Gemüse waschen. Frühlingszwiebel, Porree und Sellerie in dünne Scheiben schneiden. Die Paprikaschote in kleine Würfel schneiden. Die Pilze in sehr dünne Scheiben schneiden.
3. In einem großen Topf etwas Öl erhitzen und das Fleisch rundherum anbraten. Das Gemüse zufügen und dünsten. Mit der Brühe ablöschen, etwas Wasser angießen und mit Pfeffer und Salz abschmecken. Das Sambal Oelek einstreuen und alles etwa **25 Minuten** kochen lassen.
4. Die Glasnudeln in kaltem Wasser etwa **10 Minuten** einweichen, abtropfen lassen und in die Brühe geben. Nochmal **3-4 Minuten** kochen und heiß servieren.

Steinpilz-Essenz

Zutaten für 4 Portionen

750 ml Hühnerbrühe – selbstgemacht
250 ml Wildfond
20 g Steinpilze
3 Zweige Thymian
Meersalz
Weißer Pfeffer
Zucker
Weißer trockener Portwein
Nach Belieben: Rinderhackfleisch und Eiweiß

Dauer: 45 Minuten | **Schwierigkeit:** leicht

Zubereitung

1. In einem Topf die Brühe und den Fond erhitzen. Den Topf vom Herd ziehen und die Steinpilze im Fond etwa **30 Minuten** einweichen lassen.
2. Die Mischung kurz aufkochen lassen und den Thymian hineingeben. Die Hitze reduzieren und die Suppe noch **15-30 Minuten** ziehen lassen. Nach etwa **10 Minuten** den Thymian herausfischen.
3. Die Suppe vom Herd nehmen und durch ein Tuch filtern. Salzen und pfeffern und mit Zucker abschmecken. Ggf. die Suppe mit Hackfleisch und Eiweiß klären.
4. Die Suppe vor dem Servieren nochmal erhitzen und nach Belieben Portwein zufügen und etwas einkochen lassen.

Französische Zwiebelsuppe

Zutaten für 4 Portionen

500 g Zwiebeln
2 Knoblauchzehen
50 g Butter
Schwarzer Pfeffer
Meersalz
25 g Mehl
1 l Fleischbrühe – selbstgekocht
250 ml Weißwein
4 Scheiben Weißbrot
120 g geriebener Hartkäse

Dauer: 30 Minuten | **Schwierigkeit:** leicht

Zubereitung

1. Die Zwiebeln schälen und in feine Ringe schneiden.
2. Die Knoblauchzehen schälen und fein würfeln.
3. In einem Topf die Butter erhitzen und Zwiebeln und Knoblauch hellgelb anrösten.
4. Mit dem Mehl bestäuben und etwa **5 Minuten** unter Rühren anschwitzen lassen.
5. Mit Wein und Brühe ablöschen und **20 Minuten** auf kleiner Hitze köcheln lassen. Mit Pfeffer und Salz abschmecken.
6. Die Brotscheiben entrinden und kräftig toasten. In eine feuerfeste Form legen und mit der Suppe begießen. Den Käse darüber streuen und im Backofen bei 230°C überbacken lassen.
7. Die Form aus dem Ofen nehmen, wenn die Suppe überbacken ist, dann sofort servieren.

Hochzeitssuppe

Zutaten für 6 Portionen

1 Ds Spargelabschnitte
1 Bund Suppengrün
1 Bund Schnittlauch
1 Bund Petersilie
500 g Rinderhackfleisch
5 Eier
3 l Gemüsebrühe – selbstgekocht
Pfeffer und Salz
Optional Milch

Dauer: 60 Minuten | **Schwierigkeit:** leicht

Zubereitung

1. Das Suppengrün und den Spargel mundgerecht zuschneiden.
2. Die Petersilie und den Schnittlauch klein schneiden. Die Brühe mit dem Suppengrün und dem Spargel zum Kochen bringen.
3. Das Hackfleisch mit 1 Ei, Pfeffer, Salz und etwas Schnittlauch kräftig durchkneten. Aus der Masse kleine Bällchen formen und in der Brühe etwa **45 Minuten** köcheln lassen.
4. Die übrigen Eier in einem Gefrierbeutel aufschlagen, salzen und pfeffern. Etwas Petersilie einrühren. Den Beutel verschließen und in einem Wasserbad etwa **20 Minuten** köcheln lassen. Ist eine feste Masse entstanden, diese in mundgerechte Stücke schneiden. Den Eierstich etwa **10 Minuten** vor Ende der Kochzeit zur Suppe geben und mitköcheln lassen.
5. Die Suppe nochmal abschmecken und dann heiß servieren.

Hühner-Reis-Suppe

Zutaten für 8 Portionen

2 kg Suppenhuhn
5-6 l Wasser
2 Stangen Porree
½ Knollensellerie
6 Karotten
1 Bund Petersilie
4 TL Salz
5 TL gekörnte Gemüsebrühe
3 TL weißer Pfeffer
450 g Basmatireis
2 Lorbeerblätter

Dauer: 90 Minuten | **Schwierigkeit:** leicht

Zubereitung

1. Das Suppenhuhn abspülen und in einen Topf mit dem Wasser legen.
2. Den Porree, Sellerie, Karotten putzen, klein schneiden und in den Topf geben. Die Petersilie kein hacken und zum Gemüse geben. Gut umrühren und kurz aufkochen lassen. Mit geschlossenem Deckel bei geringer Hitze etwa 1 ½ Stunden köcheln lassen.
3. Das Huhn aus der Brühe nehmen, die Haut entfernen und das Fleisch kleinschneiden. Ggf. Fett von der Suppe schöpfen.
4. Den Reis in der Brühe etwa **20 Minuten** köcheln lassen. Das Hühnerfleisch wieder zur Suppe geben und nochmal aufkochen.

Leberknödel-Suppe

Zutaten für 4 Portionen

2 große Zwiebeln
250 g Petersilie
2 Eigelbe
300 g Pfälzer Leberwurst
500 g Rinderhackfleisch
Pfeffer
Semmelbrösel
2 l Rinderbrühe - selbstgekocht

Dauer: 40 Minuten | **Schwierigkeit:** leicht

Zubereitung

1. Die Zwiebeln schälen und fein hacken. Die Petersilie waschen und fein hacken.
2. Die Leberwurst, das Hackfleisch, Eigelb, Zwiebeln, Semmelbröseln und etwa 100 g Petersilie **10 Minuten** kneten. Mit Pfeffer abschmecken. Aus dem Teig Knödel formen.
3. Die Rinderbrühe aufwärmen und die Knödel etwa **20 Minuten** bei kleiner Hitze simmern lassen.
4. Vor dem Servieren die übrige Petersilie in die Brühe einrühren.

Erkältungs-Hühnersuppe

Zutaten

1 Suppenhuhn
1 Bund Möhren
1 Kohlrabi
1 Knollensellerie
2 Petersilienwurzeln
1 Bund glatte Petersilie
1 ½ l Wasser
Meersalz
250 g Suppennudeln

Dauer: 3 Stunden | **Schwierigkeit:** leicht

Zubereitung

1. Das Huhn im Salzwasser etwa **2-3 Stunden** weichkochen.
2. Das Gemüse waschen und klein schneiden. Die Nudeln dazugeben und in der Suppe bissfest kochen.
3. Das Huhn aus dem Topf nehmen und das Fleisch in mundgerechte Stücke schneiden. Dann wieder in die Suppe geben.
4. Den Topfinhalt als klare Brühe ohne Nudeln, Huhn und Gemüse oder als Hühnersuppe servieren.

Tomatensuppe

Zutaten für 4 Portionen

3 mittelgroße rote Zwiebeln
1 kg Kirschtomaten
3 Knoblauchzehen
50 ml Ölmischung – Olive und Sonnenblume
500 ml Tomatensaft
2 Ds geschälte Tomaten
Pfeffer, Salz, Zucker
Getrocknetes Basilikum
6 Eiweiße

Dauer: 45 Minuten | **Schwierigkeit:** leicht

Zubereitung

1. Die Zwiebeln und den Knoblauch klein würfeln. Die Tomaten vierteln.
2. In einem großen Topf das Öl erhitzen und Zwiebeln und Knoblauch anschwitzen.
3. Die Tomaten, Dosentomaten und den Tomatensaft einfüllen und aufkochen lassen, dabei mit den Gewürzen abschmecken. Nach Geschmack Basilikum dazugeben. Nochmal kurz aufkochen und etwa **30 Minuten** zugedeckt köcheln lassen. Etwas auskühlen lassen.
4. Ein ganz feines Tuch in ein Sieb legen und die Suppe hineingießen und in einen Topf abtropfen lassen. Das Tuch vorsichtig ausdrücken, die gesammelte Flüssigkeit auf Raumtemperatur abkühlen lassen.
5. Die Eiweiße leicht verquirlen und in die Flüssigkeit rühren. Topfinhalt unter Rühren zum Kochen bringen, dann die Hitze herunterregeln und etwa **2-3 Minuten** weiterrühren. Die Flüssigkeit etwa **2 Minuten** ziehen lassen, dabei den Schaum abschöpfen
6. Ein Sieb wieder mit Küchentüchern auslegen und die Tomatenflüssigkeit in mehreren Etappen eingießen und durchtropfen lassen, bis die Tomatensuppe klar ist.

Fischsuppe

Zutaten für 4 Portionen

100 g rote Zwiebeln
100 g Karotten
50 g Staudensellerie
4ß g Fenchel
100 g rote Paprika
12 Cocktailtomaten
2 Knoblauchzehen
15 g Tomatenmark
120 ml Olivenöl
750-800 ml Fischbrühe
¼ l Weißwein
450 g Fisch
120 g Garnelenschwänze
Pfeffer und Salz
Frisches Basilikum

Dauer: 45 Minuten | **Schwierigkeit:** leicht

Zubereitung

1. Die Zwiebel, Karotten, Sellerie und Fenchel schälen und in feine Streifen schneiden.
2. Die Paprika streifig schneiden.
3. Die Tomaten vierteln.
4. Die Knoblauchzehen schälen und fein hacken. Den Fisch in Würfel schneiden. Das Basilikum fein hacken.
5. In einem Topf das Olivenöl erhitzen und alle Gemüsestreifen anschwitzen. Das Tomatenmark und den Knoblauch zugeben. Mit dem Wein ablöschen und die Brühe angießen. Jetzt kochen, bis das Gemüse weich, aber noch bissfest ist.
6. Den Fisch in die Suppe geben und ziehen lassen, bis er gar ist.
7. Die Tomaten kurz in etwas Öl anbraten und mit dem Basilikum als Garnitur auf die Suppe geben.

Klassische Rinderbrühe

Zutaten für 6 Portionen

2 Zwiebeln
1 Stange Porree
130 g Knollensellerie
2 Karotten
1 Bund Petersilie
2 Rinder-Beinscheiben
3 Markknochen
500 g Suppenfleisch
2 Ochsenschwänze – a`5-6 cm
2 Lorbeerblätter
12 Pimentkörner
20 Pfefferkörner
1 TL getrockneter Thymian
2 l Wasser

Dauer: 90 Minuten | **Schwierigkeit:** leicht

Zubereitung

1. Die Zwiebeln schälen, halbieren und mit den Schnittflächen nach unten in einen großen Suppentopf ohne Fett legen und braun rösten.
2. Das Suppenfleisch mit Knochen, Ochsenschwänzen und Beinscheiben in den Topf schichten.
3. Das Gemüse kleinschneiden und im Topf verteilen. Mit Wasser auffüllen und die Gewürze zugeben.
4. Alles im offenen Topf etwa **30 Minuten** kochen lassen, dabei oft den Schaum abschöpfen. Das Fleisch soll vom Wasser vollständig bedeckt sein, ggf. noch heißes Wasser nachgießen.
5. Das Fleisch abgedeckt etwa **1 Stunde** bei kleiner Hitze leicht kochen lassen. Zur Hälfte der Kochzeit das Fleisch aus dem Topf nehmen und die Brühe durch ein Sieb in einen anderen Topf geben. Das Gemüse ausdrücken, damit der Saft in die Brühe kommt.
6. Nach der Garzeit die Suppe heiß servieren.

Knoblauch-Suppe

Zutaten für 4 Portionen

12 Knoblauchzehen
1 Zwiebel
150 g Griebenschmalz
1 l Gemüsebrühe
1 TL Majoran
1 TL Kümmel
Pfeffer und Salz
2 Scheiben Schwarzbrot
Butter

Dauer: 15 Minuten | **Schwierigkeit:** leicht

Zubereitung

1. Die Knoblauchzehen und die Zwiebel schälen. Die Knoblauchzehen pressen und die Zwiebel fein hacken.
2. In einem Topf 1 EL Schmalz erhitzen und Knoblauch und Zwiebel anschwitzen. Die Brühe angießen und aufkochen. Das übrige Schmalz dazugeben und mit Majoran, Kümmel Pfeffer und Salz abschmecken. Die Suppe **4-5 Minuten** leicht köcheln lassen.
3. Die Butter in einer Pfanne erhitzen und das Brot in kleinen Würfeln rösten. Dann die Brotwürfel auf die Suppe geben und servieren.

Opas Nudelsuppe

Zutaten für 4 Portionen

1 große Zwiebel
350 g mehlig kochende Kartoffeln
2 EL Butter
1 l Rinderbrühe – selbstgekocht
Pfeffer und Salz
1 Lorbeerblatt

Für die Nudeln:

75 g Mehl
1 Msp Backpulver
1 EL Butter
Salz
1 EL Petersilie
1 Ei

Dauer: 45 Minuten | **Schwierigkeit:** leicht

Zubereitung

1. Die Zwiebel schälen und in Ringe schneiden.
2. Die Kartoffeln schälen und klein würfeln.
3. In einem großen Topf die Butter zerlassen und die Zwiebeln etwa **10 Minuten** leicht braun andünsten. Die Kartoffeln hinzufügen und **2-4 Minuten** dünsten. Die Brühe angießen und Lorbeerblatt, Pfeffer und Salz dazugeben. Zugedeckt etwa **10 Minuten** bei kleiner Hitze köcheln lassen.
4. Das Mehl, Backpulver und Salz in einer Schüssel mit der kleingeschnittenen Butter und der Petersilie vermischen. Das Ei zufügen und einen weichen Teig kneten. Mit einem Teelöffel den Teig in die Suppe geben und alles abgedeckt etwa **10 Minuten** bei kleiner Hitze köcheln lassen.

Polnische Rote-Bete-Suppe

Zutaten für 8 Portionen

250 g Rinderbrust
60 g durchwachsener Speck
1 Bund Suppengrün
8 Pimentkörner
2 Lorbeerblätter
750 g Rote Bete
2 ½ l Wasser
6 EL Apfelessig
Salz, Zucker
1 Knoblauchzehe

Dauer: 2 Stunden | **Schwierigkeit:** leicht

Zubereitung

1. Das Suppengrün putzen und klein schneiden.
2. Die Knoblauchzehe schälen und fein hacken.
3. Das Fleisch mit Speck, Suppengemüse, Piment, Lorbeerblättern und 1 TL Salz in etwa 1 l Wasser geben und aufkochen lassen. Den Schaumabschöpfen und die Brühe etwa **1 ½ Stunden** bei geringer Hitze köcheln lassen. Dann durch ein Sieb in eine große Schüssel gießen und zur Seite stellen. Dass Fett abheben.
4. Die Rote Bete schälen und in grobe Stücke schneiden. In dem Topf die Rote Bete mit 1 ½ l Wasser aufkochen und etwa **10-15 Minuten** köcheln lassen. Salz und Essig einrühren und **20 Minuten** durchziehen lassen. Die Brühe durch ein Sieb gießen.
5. Die beiden Brühen vermischen und mit Essig, Salz und Zucker abschmecken.
6. Vor dem Servieren eine Knoblauchzehe klein hacken und auf die Suppe streuen.

Sahne-Kräutersuppe mit Forelle

Zutaten für 4 Portionen

1 kleine Zwiebel
1 Bund Dill
1 Bund Petersilie
1 Bund Schnittlauch
2 Tomaten
50 g Forellenfilet
50 g Butter
50 g Mehl
3 EL Sahne
1 l Gemüsebrühe
200 g Kräuter-Frischkäse
Muskat, Pfeffer und Salz

Dauer: 45 Minuten | **Schwierigkeit:** leicht

Zubereitung

1. Die Zwiebel schälen und fein hacken. Den Dill und die Petersilie grob hacken. Den Schnittlauch fein schneiden. Die Tomaten würfeln. Das Forellenfilet klein schneiden.
2. In einer Pfanne die Butter zerlassen und die Zwiebel kurz andünsten. Das Mehl zugeben und anschwitzen. Sofort mit Brühe ablöschen und etwa 15 Minuten leicht köcheln lassen.
3. Den Frischkäse einrühren und die Kräuter einstreuen. Vom Schnittlauch etwas als Garnitur behalten. Die Suppe mit dem Stabmixer kurze Zeit pürieren, die Sahne untermixen und mit den Gewürzen abschmecken.
4. Die Suppe nochmal kurz aufkochen und dann mit den Tomaten, Forellenfilets und dem Schnittlauch bestreuen.

Paprika-Essenz

Zutaten für 4 Portionen

2 rote Paprika
1 Schalotte
½ frische Peperoni
3 EL Olivenöl
1 EL Tomatenmark
30 cl trockener Weißwein
1 l Fleischbrühe – selbstgekocht
1 Eiweiß
Pfeffer, Salz
Ggf. Cayennepfeffer

Dauer: 30 Minuten | **Schwierigkeit:** leicht

Zubereitung

1. Die Paprikaschoten entkernen und würfeln. Die Schalotte schälen und in kleine Würfel schneiden. Die Peperoni entkernen und in Würfel schneiden.
2. In einem Topf das Öl erhitzen und das Gemüse andünsten. Das Tomatenmark unterrühren und kurze Zeit mitdünsten. Mit dem Weißwein ablöschen und die Brühe dazugießen. Etwa **30 Minuten** köcheln lassen. Durch ein Sieb gießen und erkalten lassen. Dann das Fett entfernen.
3. Das Eiweiß sehr steif schlagen und mit der kalten Suppe verrühren. Die Suppe langsam aufkochen lassen und durch ein Tuch in einem Sieb gießen.
4. Die klare und hellrote Suppe mit Pfeffer und Salz und ggf. Cayennepfeffer abschmecken.

Sellerie-Essenz

Zutaten für 4 Portionen

1,5 kg Knollensellerie
120 g Möhren
25 g frischer Ingwer
1 Schalotte
2 Knoblauchzehen
1 ¼ l Hühnerbrühe – selbstgekocht
4 cl weißer Portwein
6 Pimentkörner
½ TL bunter Pfeffer
1 getrocknete Chilischote
Salz

Für die Einlage:

2 EL TK-Erbsen
1 EL Möhren
1 EL Knollensellerie
1 EL Schnittlauch

Dauer: 60 Minuten | **Schwierigkeit:** leicht

Zubereitung

1. Den Sellerie schälen und würfeln. Die Möhren schälen und in Würfel schneiden. Den Ingwer schälen und in Scheiben schneiden. Die Schalotte schälen und würfeln. Den Knoblauch schälen und fein hacken.
2. Das Gemüse mit allen Gewürzen etwa 45 Minuten in einem geschlossenen Topf köcheln lassen. Durch ein Haarsieb abgießen und das Gemüse entsorgen. Die Brühe nochmal durch ein Tuch passieren, bis eine klare Brühe bleibt.
3. Die Brühe aufkochen, den Portwein angießen und alles auf etwa 750-800 ml einkochen lassen, dann mit Salz würzen.
4. Für die Einlage die Möhren und den Sellerie fein würfeln. Den Schnittlauch in Röllchen schneiden. Das gesamte Gemüse etwa 1 Minuten blanchieren, abschrecken und abtropfen lassen. Dann auf Teller verteilen und mit der heißen Brühe übergießen. Die Schnittlauchröllchen auf die Teller streuen und sofort servieren.

Knoblauch-Suppe

Zutaten für 4 Portionen

12 Knoblauchzehen
1 Zwiebel
150 g Griebenschmalz
1 l Gemüsebrühe
1 TL Majoran
1 TL Kümmel
Pfeffer und Salz
2 Scheiben Schwarzbrot
Butter

Dauer: 15 Minuten | **Schwierigkeit:** leicht

Zubereitung

1. Die Knoblauchzehen und die Zwiebel schälen. Die Knoblauchzehen pressen und die Zwiebel fein hacken.
2. In einem Topf 1 EL Schmalz erhitzen und Knoblauch und Zwiebel anschwitzen. Die Brühe angießen und aufkochen. Das übrige Schmalz dazugeben und mit Majoran, Kümmel Pfeffer und Salz abschmecken. Die Suppe 4-5 Minuten leicht köcheln lassen.
3. Die Butter in einer Pfanne erhitzen und das Brot in kleinen Würfeln rösten. Dann die Brotwürfel auf die Suppe geben und servieren.

Schwarze Bohnensuppe

Zutaten für 12 Portionen

3-4 Zwiebeln
4 Knoblauchzehen
4 Stangen Staudensellerie
2 rote Paprikaschoten
900-1000 g schwarze Bohnen
4 l Gemüsebrühe
5 EL Olivenöl
600 g Pfeffer-Tofu
3 TL Kreuzkümmel
2 EL Currypulver
4 EL Tomatenmark
2 Limetten
3 Lorbeerblätter
Pfeffer und Salz

Dauer: 120 Minuten | **Schwierigkeit:** leicht

Zubereitung

1. Die Bohnen über Nacht einweichen lassen. Am nächsten Tag abgießen und abtropfen lassen.
2. Die Zwiebeln und Knoblauchzehen schälen und in feine Würfel schneiden. Den Sellerie waschen und in etwa 1 cm große Würfel schneiden. Die Paprika halbieren, entkernen und würfeln.
3. In einem Topf 2-3 EL Öl erhitzen und Zwiebeln, Knoblauch, Sellerie und Paprika etwa 3-4 Minuten andünsten. Die Bohnen dazugeben und die Brühe angießen. Alles einmal aufkochen lassen.
4. Aufsteigenden Schaum abschöpfen und die Suppe bei kleiner Hitze etwa 1 ½ Stunden köcheln lassen. Nach etwa 1 Stunde Kreuzkümmel, Currypulver, Tomatenmark und Lorbeerblätter zugeben.
5. Die Lorbeerblätter aus der Suppe nehmen. Etwa die Hälfte der Suppe in ein hohes Gefäß gießen und mit dem Stabmixer pürieren, dann wieder zurückgießen.
6. Den Tofu in große Würfel schneiden. In einer Pfanne das übrige Öl erhitzen und den Tofu rundherum braten. Die Würfel zur Suppe geben.
7. Etwa 3-4 EL Limettensaft auspressen.
8. Die Bohnensuppe mit Pfeffer, Salz und Limettensaft würzen.

Frankfurter Kräutersuppe

Zutaten für 2 Portionen

2 kleine Zwiebeln
1 Bund Kräuter für Grüne Soße
30 g Butter
45 g Mehl
750 ml Gemüsebrühe
60 g Creme fraiche
Zitronensaft
Pfeffer und Salz

Dauer: 30 Minuten | **Schwierigkeit:** leicht

Zubereitung

1. Die Zwiebeln schälen und fein würfeln. Die Kräuter entstielen, waschen und hacken.
2. In einem Topf die Butter schmelzen und die Zwiebeln glasig andünsten. Das Mehl darüber streuen und kurze Zeit anschwitzen. Die Brühe angießen, gut umrühren und etwa 15 Minuten kochen lassen.
3. Die Kräuter und Creme fraiche unterrühren und mit dem Stabmixer pürieren. Mit Zitronensaft, Pfeffer und Salz abschmecken.

Kokosmilch-Kräutersuppe

Zutaten für 2 Portionen

2 Schalotten
1 Möhre
200 g Knollensellerie
Rapsöl
Butter
½ l Gemüsebrühe
1 Bund Kräuter – Petersilie, Schnittlauch, Babyspinat o.ä.
450 ml Kokosmilch
Salz
Pfeffer aus der Mühle
Rosa Pfefferkörner

Dauer: 25 Minuten | **Schwierigkeit:** leicht

Zubereitung

1. Die Schalotten, Möhre und Sellerie schälen und in Würfel schneiden. Die Kräuter waschen und fein hacken.
2. In einem Topf Rapsöl und Butter schmelzen und Schalotten, Möhre und Sellerie anschwitzen. Die Brühe angießen und das Gemüse etwas weicher köcheln.
3. Die Kokosmilch und Kräuter in die Suppe geben und fein pürieren. Mit Pfeffer und Salz würzen und mit einigen Pfefferkörner.

Kräutersuppe „Glückauf"

Zutaten für 4 Portionen

1 Schalotte
1 gelbe Rübe
1 Kartoffel
1 TL Rapsöl
¾ l Hühnerbrühe
¼ l Bier – Pils
130 g gemischte Kräuter – Basilikum, Kresse, Spinat o.ä.
25 g Butter

Dauer: 30 Minuten | **Schwierigkeit:** leicht

Zubereitung

1. Das Gemüse schälen und fein würfeln. Die Kräuter waschen und fein hacken.
2. In einem Topf das Öl erhitzen und das Gemüse darin dünsten. Die Brühe und das Bier dazugießen und aufkochen lassen.
3. Die Kräuter einstreuen und bei geringer Hitze etwa 15 Minuten garen lassen. Die Butter unterheben und alles mit dem Stabmixer pürieren.

Tipp: Schmeckt sehr gut mit frischem Bauernbrot.

Mittelalter-Kräutersuppe

Zutaten für 10 Portionen

200 g Butter
175 g Mehl
5 Zwiebeln
4 l Wasser
1 l Milch
Kräuter nach Belieben – Petersilie, Schnittlauch o.a.
Pilze nach Belieben – Champignons, Pfifferlinge
Speck nach Belieben
Salz und Pfeffer
Muskatnuss

Dauer: 45 Minuten | **Schwierigkeit:** leicht

Zubereitung

1. Die Zwiebeln schälen und fein würfeln. Die Kräuter waschen und klein schneiden. Die Pilze putzen und in Scheiben schneiden. Den Speck klein schneiden.
2. In einem großen Topf die Butter schmelzen und die Zwiebeln andünsten. Das Mehl in den Topf streuen und etwas anbräunen. Das Wasser nach und nach unter Rühren angießen, bis eine dickliche Masse entstanden ist.
3. Die Milch einrühren, jetzt müsste ein cremige Suppe entstanden sein. Die Kräuter, Pilz und den Speck einrühren und durchziehen lassen. Mit Salz, Pfeffer und Muskat würzen.

Pizza - Partysuppe

Zutaten für 20 Portionen

2 kg Rinderhackfleisch
100 g gewürfelten Schinken
12 Paprikaschoten – 3 Farben
2 Zwiebeln
2 Knoblauchzehen
4 Ds Champignons
4 Pck Sahne-Schmelzkäse
2 Becher Creme fraiche
1 Becher Sahne
2 EL frische Kräuter
1 EL Zigeunersauce
½ Fl Barbecuesauce
2 Pck. passierte Tomaten
Chilipulver
Pfeffer und Salz

Dauer: 45 Minuten | **Schwierigkeit:** leicht

Zubereitung

1. Die Paprika waschen und klein würfeln. Die Zwiebeln schälen und klein schneiden. Die Knoblauchzehen schälen und klein hacken. Die Champignons abgießen und abtropfen lassen.
2. In einem großen Topf Hackfleisch und Schinken anbraten und mit Pfeffer und Salz gut würzen. Die Zwiebeln, Knoblauch und Tomatenmark dazugeben und anschwitzen. Die passierten Tomaten, Paprika und Pilze zufügen und solange köcheln, bis die Paprika weich sind.
3. Nun die restlichen Zutaten in den Topf geben und die Suppe vor dem Servieren mit Pfeffer und Salz abschmecken.

Suppe Barmherzigkeit

Zutaten für 15 Portionen

2 kg gemischtes Hackfleisch
2 kg Gemüsezwiebeln
2 kg Porree
8 Knoblauchzehen
250 g magerer Speck
500 ml Tomatenketchup
4 l Brühe
1 EL Chilisauce
1 Glas Mango Chutney
500 ml saure Sahne
500 ml süße Sahne
Cayennepfeffer
Sambal Oelek
Salz
Zimt

Dauer: 75 Minuten | **Schwierigkeit:** leicht

Zubereitung

1. Die Zwiebeln schälen und klein würfeln. Den Porree in Ringe schneiden. Die Knoblauchzehen schälen und hacken. Den Speck würfeln.
2. Das Hackfleisch mit Zwiebeln, Porree und Speck in einem Topf anbraten. Mit der Brühe ablöschen und etwa 10-15 Minuten köcheln lassen.
3. Den Ketchup, das Chutney, Knoblauch und die Chilisauce einrühren und aufkochen lassen.
4. Die Sahne unterrühren und mit den Gewürzen abschmecken.

One Pot Eintöpfe

Erbseneintopf

Zutaten für 4 Portionen

300 g Kartoffeln
2 mittelgroße Zwiebeln
1 Stange Porree
120 g Möhren
120 g Knollensellerie
120 g geräucherter Bauchspeck
500 g Schälerbsen
25 g Schweineschmalz
2 Stängel Petersilie
1 TL Majoran
Salz und Pfeffer
2 l Wasser
8-9 TL gekörnte Gemüsebrühe

Dauer: 60 Minuten | **Schwierigkeit:** leicht

Zubereitung

1. Die Kartoffeln, Zwiebeln und Möhren schälen und klein würfeln. Den Porree und Sellerie klein schneiden. Den Bauchspeck klein würfeln.
2. In einem großen Topf das Schmalz erhitzen und den Bauchspeck auslassen. Die Zwiebeln glasig dünsten. Den Porree und die Karotten und Sellerie dazugeben und alles kurz andünsten. Darauf achten, dass nichts anbrennt.
3. Etwa 1 Liter Wasser in den Topf geben und verrühren. Die Erbsen dazugeben und unter Rühren das übrige Wasser eingießen. Die Suppe zum Kochen bringen, die Gemüsebrühe und den Majoran unterrühren und auf kleiner Hitze köcheln lassen.
4. Nach etwa **20 Minuten** die Kartoffeln dazugeben und nochmal **40 Minuten** köcheln lassen, dabei ab und zu umrühren.
5. Die Suppe mit Pfeffer und etwas Salz abschmecken
6. .Die Petersilie unterrühren und heiß servieren.

Bohneneintopf

Zutaten für 4 Portionen

130 g Schinkenspeck
150 g Mettenden
250 g Karotten
4 Kartoffeln
1 Zwiebel
500 g TK-grüne Bohnen
1 l Fleischbrühe
Bohnenkraut
Pfeffer

Dauer: 35 Minuten | **Schwierigkeit:** leicht

Zubereitung

1. Den Speck in Würfel schneiden.
2. Die Mettenden in Scheiben schneiden.
3. Die Karotten, Kartoffeln und die Zwiebel schälen und würfeln.
4. In einem Topf Speck, Mettenden und Zwiebeln anbraten. Die Karotten und Kartoffeln kurze Zeit mitbraten. Mit der Brühe ablöschen und etwa **10 Minuten** kochen.
5. Die Bohnen dazugeben und alles etwa **15 Minuten** garen.
6. Mit Bohnenkraut und Pfeffer abschmecken.

Gemüse – Käse Eintopf

Zutaten für 4 Portionen

1 Bund Möhren
2 Stangen Porree
550 g Kartoffeln
1 Zwiebel
1 Brokkoli
Etwas Petersilie
750 g Hackfleisch
1-2 Pck Kräuter-Schmelzkäse
1 ½ l Gemüsebrühe
Paprikapulver
Meersalz
Pfeffer
Rapsöl

Dauer: 45 Minuten | **Schwierigkeit:** leicht

Zubereitung

1. Die Möhren schälen und in dünne Scheiben schneiden. Den Porree in Scheiben schneiden. Die Kartoffeln schälen und in Stücke schneiden. Die Zwiebel schälen und fein hacken. Den Brokkoli in Röschen teilen. Die Petersilie waschen und fein hacken.
2. In einer großen Pfanne mit etwas Öl das Hackfleisch krümelig anbraten und würzen. Die Zwiebeln dazugeben und kräftig braten.
3. In einem Topf die Brühe mit den Kartoffeln und Möhren aufkochen lassen und etwa **10 Minuten** köcheln lassen. Den Porree und Brokkoli einrühren und **10-15 Minuten** sanft köcheln lassen.
4. Den Schmelzkäse in dem Eintopf schmelzen lassen, das Hackfleisch in den Eintopf rühren und nochmal vorsichtig umrühren.
5. Mit Petersilie bestreuen und servieren.

Bohnen-Eintopf mal anders

Zutaten für 4 Portionen

1 große Zwiebel
1 Kartoffel
2 Glas Dicke Bohnen
200 g Bauchspeck
Rapsöl
2 EL Butter
2 EL Mehl
350 ml Gemüsebrühe
Pfeffer und Salz
6 Mettenden
Bohnenkraut
Nach Geschmack Flüssigwürze

Dauer: 60 Minuten | **Schwierigkeit:** leicht

Zubereitung

1. Die Zwiebel und Kartoffel schälen und in Würfel schneiden. Den Bauchspeck würfeln.
2. In einem Topf etwas Öl erhitzen und den Bauchspeck anbraten. Die Zwiebeln dazugeben und glasig dünsten. Die Kartoffeln und Bohnen mit der Flüssigkeit in den Topf geben. Die Brühe angießen und ggf. noch Wasser dazugeben, falls die Kartoffeln und Bohnen nicht mit Flüssigkeit bedeckt sind. Aus geringer Hitze etwa **40 Minuten** köcheln lassen.
3. In einem zweiten Topf aus Butter und Mehl eine Mehlschwitze rühren und etwa **10 Minuten** vor Ende der Kochzeit mit den Mettenden und dem Bohnenkraut in den Eintopf rühren.
4. Nun nochmal abschmecken, ggf. mit Flüssigwürze.

Italienische Minestrone

Zutaten für 8 Portionen

3 Knoblauchzehen
3 große Zwiebeln
2 Stangen Staudensellerie
2 große Möhren
2 große Kartoffeln
120 g grüne Bohnen
120 g Zucchini
1 Bund Basilikum
75 g durchwachsener Speck
70 g Butter
60 ml Olivenöl
1 ½ l Hühnerbrühe
100 g gehackte Tomaten – aus der Dose
2 EL Tomatenmark
120 g Parmesan-Rinde
Frisch geriebener Parmesan
90 g Spaghetti
Pfeffer und Salz

Dauer: 90 Minuten | **Schwierigkeit:** leicht

Zubereitung

1. Das Gemüse ggf. schälen und in kleine Stücke schneiden. Den Speck klein würfeln. Die Spaghetti in kleine Stücke brechen. Das Basilikum fein hacken.
2. In einem großen Topf Butter und Öl erhitzen und den Speck etwa **2 Minuten** anbraten. Zuerst Kartoffeln, Möhren und Sellerie dazugeben und unter Rühren **2 Minuten** braten. Dann die Bohnen dazugeben und weitere **2 Minuten** braten. Die Zucchini unterrühren und nochmal **2 Minuten** braten. Dann bei geschlossenem Deckel das Gemüse unter Rühren etwa **15 Minuten** garen.
3. Die Brühe, Tomaten, Tomatenmark, Basilikum und Käserinde zufügen und alles abschmecken. Die Suppe aufkochen lassen, die Hitze reduzieren und alles etwa **1 Stunde** leicht köcheln lassen.
4. Die Käserinde entfernen und die Spaghetti einrühren, nochmal **10 Minuten** kochen.
5. Mit Parmesan bestreut servieren.

Irisch Stew

Zutaten für 4 Portionen

1 kg Rinder-Gulaschfleisch
250 g Zwiebeln
250 g Karotten
350 g festkochende Kartoffeln
350 g Sellerie
2 EL Tomatenmark
2 EL Honig
3 EL Olivenöl
300 g passierte Tomaten
450 ml Rinderbrühe
2 EL Starkbier a`0,33 l
Pfeffer und Salz

Dauer: 120 Minuten | **Schwierigkeit:** leicht

Zubereitung

1. Die Zwiebeln schälen und in kleine Würfel schneiden. Die Karotten putzen und in Scheiben schneiden. Die Kartoffeln und den Sellerie schälen und würfeln. Das Fleisch abspülen und trockentupfen.
2. Das Öl in einem großen Topf erhitzen und das Fleisch rundherum scharf anbraten. Das Gemüse zugeben und kurz anbraten. Das Tomatenmark zufügen und das Bier angießen. Alles einmal kurz aufkochen lassen. Die Hitze herunterdrehen, die Brühe und die passierten Tomaten in das Stew geben und mindestens **1 ½ Stunden** köcheln lassen, bis das Fleisch weich ist.
3. Nach etwa **1 Stunde** mit Pfeffer, Salz und Honig abschmecken.

Käse Cabanossi Eintopf

Zutaten für 6 Portionen

300 g Cabanossi
500 g Kartoffeln
400 g Karotten
1 Zwiebel
1 Stange Porree
1 Bund Petersilie
40 g Fett
1 EL Mehl
1 Becher Kräuter-Schmelzkäse
1 L Brühe
½ l Sahne
Pfeffer und Salz

Dauer: 40 Minuten | **Schwierigkeit:** leicht

Zubereitung

1. Die Cabanossi in Scheiben schneiden. Die Kartoffeln waschen und klein würfeln. Die Karotten und den Porree in Ringe schneiden. Die Zwiebel schälen und fein hacken. Die Petersilie waschen und fein hacken.
2. In einem Topf das Fett erhitzen und die Wurstscheiben anbraten. Die Zwiebeln dazugeben und andünsten. Das Ganze mit Mehl bestäuben und unter Rühren die Brühe angießen. Kurz aufkochen lassen, dabei die Sahne einrühren. Die Kartoffeln und Karotten in die Suppe geben und bei mittlerer Hitze etwa **10-15 Minuten** garen lassen.
3. Die Porreeringe und den Schmelzkäse unterrühren und weiterkochen, bis der Käse geschmolzen ist.
4. Die Suppe abschmecken und mit Petersilie bestreuen.

Kartoffel Gulasch

Zutaten für 4 Portionen

3 Zwiebeln
850 g Kartoffeln
3 Knoblauchzehen
2 Würste nach Wahl – etwa 300 g
400 ml Gemüsebrühe
4 EL Rapsöl
1 TL Essig
Majoran
Edelsüßes Paprikapulver
Pfeffer und Salz

Dauer: 30 Minuten | **Schwierigkeit:** leicht

Zubereitung

1. Die Zwiebeln schälen und würfeln. Die Kartoffeln schälen und vierteln. Die Knoblauchzehen schälen und pressen. Die Würstchen in Würfel schneiden.
2. In einem Topf das Öl erhitzen und die Zwiebeln goldbraun anrösten. Das Paprikapulver einstreuen und sofort mit dem Essig ablöschen. Die Brühe angießen. Den Knoblauch, die Kartoffeln, Majoran und Gewürze dazugeben und unter Rühren solange kochen, bis die Kartoffeln weich sind und die Suppe cremig ist.
3. Die Wurst kurz vor Ende der Garzeit in die Suppe geben und kurz mitkochen.

Kartoffel-Eintopf

Zutaten für 4 Portionen

800 g Kartoffeln
1 Stange Porree
200 g Karotten
200 g Sellerie
450-500 g Mettenden
4 EL Öl
1 l Fleischbrühe
200 g Creme fraiche
300 g TK-Erbsen
Petersilie
Schnittlauch
Pfeffer, Salz
Chiliflocken

Dauer: 40 Minuten | **Schwierigkeit:** leicht

Zubereitung

1. Die Kartoffeln schälen und in Würfel schneiden. Den Porree, Karotten und Sellerie waschen und klein schneiden. Die Mettenden in Scheiben schneiden. Von Kartoffeln und Karotten etwa ¼ zur Seite stellen. Die Petersilie fein hacken. Den Schnittlauch in Röllchen schneiden.
2. In einem Topf mit 2 EL Öl die restlichen Kartoffeln, Karotten und das Gemüse andünsten. Mit der Brühe ablöschen, aufkochen und etwa **15 Minuten** bei geringer Hitze köcheln lassen.
3. Mit einem Stabmixer die Suppe pürieren und die zurückgehaltenen Kartoffeln und Karotten einrühren. Nochmal **10-15 Minuten** kochen. Etwa **5 Minuten** vor Ende der Kochzeit die Erbsen und die Mettwürstchen einrühren. Creme fraiche unterheben und alles mit Pfeffer, Salz und ggf. Chili abschmecken.
4. Mit Petersilie und Schnittlauch bestreuen und servieren.

Kichererbsen - Eintopf

Zutaten für 4 Portionen

1 Zwiebel
2 Knoblauchzehen
1 Süßkartoffel
1 Zucchino
1 Bund glatte Petersilie
1 Ds Kichererbsen
1 Paprikawurst
150 g Joghurt
1 EL Paprikamark
1 EL Tomatenmark
½ l Rinderbrühe
Koriander
Kreuzkümmel
Kurkuma
Pfeffer und Salz
Olivenöl

Dauer: 30 Minuten | **Schwierigkeit:** leicht

Zubereitung

1. Die Zwiebel schälen, halbieren und in Ringe schneiden. Die Süßkartoffel würfeln. Den Knoblauch schälen und fein reiben. Die Petersilie waschen und klein schneiden. Die Zucchini in Scheiben schneiden. Die Kichererbsen abgießen.
2. In einer Pfanne das Öl erhitzen und Zwiebel und Süßkartoffeln anbraten. Das Paprika- und Tomatenmark kurz miträsten und mit der Brühe ablöschen. Die Kichererbsen dazugeben und mit den Gewürzen abschmecken. Die Suppe etwa **5 Minuten** köcheln lassen.
3. Die Wurst und die Zucchini in die Suppe geben und nochmal **5 Minuten** köcheln lassen.
4. Den Joghurt mit dem Knoblauch und etwas Salt verrühren.

Gyros Auflauf

Zutaten für 3 Portionen

500 g Schweineschnitzel
2 mittelgroße Zwiebeln
1 rote Paprikaschote
1 kleine rote Chilischote
2 Knoblauchzehen
100 ml passierte Tomaten
Getrockneter Thymian
8 cl Metaxa
6 EL mildes Olivenöl
200 ml Sahne
150 g geriebener Gouda
2 EL Tomatenmark
4 EL Gyros-Gewürz
Pfeffer und Salz

Dauer: 40 Minuten | **Ruhezeit:** 3 Stunden | **Schwierigkeit:** leicht

Zubereitung

1. Die Schnitzel längs halbieren und in dünne Streifen schneiden. Die Zwiebeln schälen, halbieren und in Ringe schneiden. Die Paprika waschen, achteln und in Streifen schneiden. Die Chilis entkernen und fein hacken. Den Knoblauch schälen und fein hacken.
2. Den Backofen auf 200°C vorheizen.
3. In einer Schüssel Fleisch, Zwiebeln, Knoblauch und Chili mit 2 cl Metaxa und dem Gyrosgewürz gut vermengen. Einige Minuten ziehen lassen, dann 3 EL Olivenöl untermischen und alles **2-3 Stunden** durchziehen lassen.
4. In einer großen Pfanne 2 EL Öl erhitzen und das Fleisch **4-5 Minuten** rundum kräftig anbraten. Das Fleisch in eine Auflaufform geben. In der Pfanne 2 EL Öl erhitzen und die Paprika etwa **2-3 Minuten** anbraten, dann zum Fleisch geben und gut vermischen. In der Pfanne das Tomatenmark und 1 EL
5. Gyrosgewürz anrösten, den übrigen Metaxa, die passierten Tomaten und die Sahne angießen, aufkochen lassen und die Sauce über das Gyros gießen.
6. Mit dem Käse bestreuen und etwa **10-12 Minuten** überbacken.

Kräftige Gulascheintopf

Zutaten für 6 Portionen

500 g Rinder-Gulasch
1 große Zwiebel
2 Knoblauchzehen
3 große Kartoffeln
1 große Möhre
2 Paprikaschoten
½ Bund Petersilie
Blätter von 4 Zweigen Majoran
2 EL Butterschmalz
2 Lorbeerblätter
Je 3 TL Paprikapulver – edelsüß und scharf
1 EL Tomatenmark
175 ml Rotwein
800 ml Rinderbrühe
2 EL Zucker
Pfeffer und Salz

Dauer: 100 Minuten | **Schwierigkeit:** leicht

Zubereitung

1. Die Zwiebel, Knoblauchzehen, Kartoffeln und Möhre schälen und klein würfeln. Die Paprikaschoten klein schneiden. Die Petersilie fein hacken. Die Majoranblätter grob hacken.
2. In einem Topf mit Butterschmalz die Fleischwürfel 5 Minuten rundherum anbraten. Die Zwiebeln und Knoblauch zugeben und etwa **5 Minuten** mitdünsten. Mit Brühe und Rotwein ablöschen und mit Pfeffer, Salz, Zucker, Tomatenmark, Paprika und Majoran würzen. Die Suppe mit Deckel etwa 1 Stunde bei kleiner Hitze schmoren lassen.
3. Die Kartoffeln, Paprika und Möhren einrühren und nochmal etwa **20 Minuten** köcheln lassen, bis alles weich ist.
4. Die Petersilie einrühren und servieren.

Laucheintopf

Zutaten für 8 Portionen

5 Stangen Porree
2 große Zwiebeln
1 kg Rindergehacktes
400 g Kräuter-Schmelzkäse
400 g Sahne-Schmelzkäse
1 ½ l Gemüsebrühe
Pfeffer und Salz

Dauer: 25 Minuten | **Schwierigkeit:** leicht

Zubereitung

1. Den Porree waschen und in kleine Rinde schneiden. Die Zwiebeln schälen und in Ringe schneiden.
2. In einem großen Topf das Gehackte anbraten und etwas würzen. Porree und Zwiebeln dazugeben und **1-2 Minuten** mitbraten. Die Brühe angießen und **2-4 Minuten** aufkochen lassen.
3. Den Schmelzkäse etwas zerkleinern und in die Suppe rühren, bis er sich auflöst. Ggf. noch mit Pfeffer und Salz nachwürzen. Die Suppe kurz erhitzen und servieren.

Meeresfrüchte Eintopf

Zutaten für 2 Portionen

250 g TK-Meeresfrüchte
250 g Fischfilet
1 mittelgroße Zwiebel
1 Stange Porree
1 Knoblauchzehe
1 EL Olivenöl
400 g geschälte Tomaten aus der Dose
120 ml spanischer Weißwein, trocken
2 EL trockener Sherry
1 kleine Ds Safran
1 TL getrocknete Chiliflocken
Pfeffer und Meersalz

Dauer: 40 Minuten | **Schwierigkeit:** leicht

Zubereitung

1. Die Meeresfrüchte auftauen lassen. Den Fisch gut abwaschen, trockentupfen und mundgerecht würfeln, mit Pfeffer und Salz würzen. Die Zwiebel schälen und würfeln. Den Porree putzen und in Ringe schneiden. Den Knoblauch schälen und klein hacken. Die Tomaten in der Dose etwas zerkleinern.
2. In einem Topf das Öl erhitzen und Knoblauch, Zwiebeln und Porree anschwitzen. Die Tomaten mit Saft dazugeben, die Tomaten etwas zerdrücken. Den Wein angießen und die Meeresfrüchte unterrühren. Mit Safran, Chiliflocken, Pfeffer und Salz würzen. Den Topf unter Rühren abgedeckt etwa **10 Minuten** köcheln lassen.
3. Den Meeresfrüchtetopf mit dem Sherry verfeinern, den Fisch unterrühren. Die Hitze reduzieren und den Topf noch etwa **7-10 Minuten** ruhen lassen.

Burrito - Bowl

Zutaten für 4 Portionen

1 Zwiebel
2 Tomaten
½ Bund Frühlingszwiebeln
1 Ds Mais
1 Ds rote Kidneybohnen
1 Ds stückige Tomaten
500 g Hähnchenbrustfilet
650 ml Gemüsebrühe
220 g Langkornreis
Mexikanische Gewürzmischung
Olivenöl
1 Becher Schmand

Dauer: 50 Minuten | **Schwierigkeit:** leicht

Zubereitung

1. Die Zwiebel schälen und würfeln. Die Tomaten waschen und in Würfel schneiden. Die Frühlingszwiebeln in dünne Ringe schneiden. Das Fleisch in kleine Stücke schneiden.
2. In einer tiefen Pfanne etwas Öl erhitzen und die Zwiebeln darin anschwitzen. Das Hähnchenfleisch dazugeben und anbraten. Die Brühe angießen und Dosentomaten, Kidneybohnen und den Mais einrühren und würzen. Die Suppe aufkochen lassen und den Reis einstreuen. Solang kochen, bis der Reis die Flüssigkeit ausgesogen hat.
3. Die Pfanne vom Herd ziehen und den Käse über das Gericht streuen. Mit einem Deckel abdecken und den Käse zerlaufen lassen. Den Schmand in Klecksen auf das Gericht geben. Die Tomatenwürfel und Zwiebelringe auf dem Schmand verteilen und servieren.

Wirsingeintopf

Zutaten für 4 Portionen

5 mittelgroße Kartoffeln
4 mittelgroße Karotten
1 große Zwiebel
1 kleiner Kopf Wirsingkohl
500 g Kasseler Koteletts
2 EL Rapsöl
1 ½ l Gemüsebrühe
1 Bund Petersilie
Pfeffer und Salz

Dauer: 50 Minuten | **Schwierigkeit:** leicht

Zubereitung

1. Die Kartoffeln und Karotten schälen und in Würfel schneiden. Die Zwiebel schälen und in feine Streifen schneiden. Den Kohl putzen, vierteln und den Strunk herausschneiden, die Blätter grob hacken. Ggf. die Knochen vom Kasseler wegschneiden und zur Seite legen. Das Fleisch in Würfel schneiden. Die Petersilie waschen und klein hacken.
2. Das Öl in einem großen Topf erhitzen, Kasseler und Knochen kräftig anbraten. Die Zwiebeln dazugeben und anschwitzen. Die Kartoffeln, Karotten und den Wirsing in den Topf geben, mit Brühe aufgießen und salzen und pfeffern. Den Eintopf aufkochen und abgedeckt bei geringer Hitze **15-25 Minuten** köcheln lassen.
3. Die Knochen aus dem Topf nehmen und nochmal mit Pfeffer und Salz abschmecken. Vor dem Servieren die Petersilie unterrühren.

Hackfleisch Schlemmertopf

Zutaten für 6 Portionen

500 g gemischtes Hackfleisch
2 Zwiebeln
2 Knoblauchzehen
2 rote Paprikaschoten
800 g Kartoffeln
250 g Karotten
300 g frische grüne Bohnen
½ Ds Mais
½ Tube Tomatenmark
1 l Gemüsebrühe
200 ml Sahne
2 EL Olivenöl
200 g Schmelzkäse
Paprikapulver
Pfeffer
Salz
Thymian

Dauer: 50 Minuten | **Schwierigkeit:** leicht

Zubereitung

1. Die Zwiebeln und Knoblauch schälen und klein würfeln. Die Paprika in kleine Würfel schneiden. Die Kartoffeln und Karotten schälen und klein würfeln.
2. In einem großen Topf das Öl erhitzen und das Hackfleisch anbraten. Die Zwiebeln und Knoblauch zugeben und würzen. Das Tomatenmark und die Brühe einrühren. Die Gemüsewürfel, Bohnen und den Mais zufügen und gut verrühren. Auf kleiner Hitze etwa **40 Minuten** köcheln lassen.
3. Die Sahne und den Schmelzkäse unterrühren und abschmecken.

Pizza - Eintopf

Zutaten für 5 Portionen

6 Paprikaschoten – 3 Farben
1 kg Rinder-Hackfleisch
1 Pck passierte Tomaten
3 Ds geschnittene Champignons
3 Becher Creme fraiche
3 Becher Sahne
500 g Sahne-Schmelzkäse
Pizzagewürz
Pfeffer
Salz

Dauer: 35 Minuten | **Schwierigkeit:** leicht

Zubereitung

1. Die Paprikaschoten waschen und klein schneiden.
2. In einer Pfanne das Hackfleisch krümelig anbraten und dabei würzen. Die Pilz mit Saft und die Tomaten einrühren. Die Paprikastücke zugeben und etwa **10 Minuten** kochen lassen.
3. Die Creme fraiche und Sahne einrühren. Den Schmelzkäse unterrühren und schmelzen lassen.
4. Mit den Gewürzen abschmecken und servieren.

Ratatouille

Zutaten für 4 Portionen

1 mittelgroße Aubergine
2 mittelgroße Zucchini
2 gelbe Paprika
2 rote Paprika
1 Gemüsezwiebel
4 Knoblauchzehen
Je 1 TL Rosmarin, Salbei, Thymian
1 große Ds geschälte Tomaten
½ TL getrocknete Lavendelblüten
½ Tube Tomatenmark
120 ml Olivenöl
Meersalz
Schwarzer Pfeffer aus der Mühle
2 EL Zucker

Dauer: 60 Minuten | **Schwierigkeit:** leicht

Zubereitung

1. Die Aubergine, Zucchini und Paprikaschoten waschen und klein schneiden. Die Zwiebel schälen und würfeln. Den Knoblauch schälen und fein hacken. Die Auberginenstücke einsalzen und **10-15 Minuten** ziehen lassen, danach abtupfen. Die Kräuter waschen und fein hacken.
2. In einer hohen Pfanne das Öl erhitzen und Zwiebeln und Zucchini anbraten. Die Paprikastücke und die Auberginen dazugeben und etwa **5 Minuten** scharf braten. Das Tomatenmark einrühren und alles salzen und pfeffern. Die Kräuter, den Knoblauch, die geschälten Tomaten und den Zucker unterrühren. Bei mittlerer Hitze das Gericht etwa **20 Minuten** köcheln, ggf. etwas Wasser angießen.

Serbischer Bohneneintopf

Zutaten für 8 Portionen

500 g weiße getrocknete Bohnen
2 Bund Suppengemüse – Möhren, Porree, Sellerie
500 g Zwiebeln
500 g Kartoffeln
550 g Tomaten
2 Knoblauchzehen
1 grüne Paprikaschote
250 g Katenschinken
250 g Mettwurst
2 EL neutrales Öl
3 EL Tomatenmark
½ TL Cayennepfeffer
2 TL edelsüßes Paprikapulver
1 TL Salz
Petersilie

Dauer: 35 Minuten | **Schwierigkeit:** leicht

Zubereitung

1. Die Bohnen am Vortag in abgekochtem Wasser einweichen und am nächsten Tag im Einweichwasser bei geringer Hitze **1 ½ Stunden** kochen lassen.
2. Das Suppengemüse waschen und in kleine Stücke schneiden. Die Kartoffeln schälen und würfeln. Die Zwiebeln und Knoblauch schälen und in kleine Stücke schneiden. Die Tomaten waschen, häuten und kleinschneiden. Die Paprika putzen und würfeln. Den Katenschinken klein würfeln. Die Wurst in Scheiben schneiden.
3. In einem Topf mit Öl den Schinken knusprig braten und die Zwiebel glasig andünsten. Dann Knoblauch, Kartoffeln, Suppengrün, Tomaten, Gewürze und 2 Tassen Wasser in den Topf geben und etwa **30 Minuten** garen. In den letzten **10 Minuten** den Paprika mitkochen.
4. Die Bohnen und das Tomatenmark untermischen. Die Wurstscheiben zufügen und erhitzen.
5. Die Suppe abschmecken und mit Petersilie bestreuen.

Quinoa - Eintopf

Zutaten für 2 Portionen

50 g rote Quinoa
1 Knoblauchzehe
1 rote Paprikaschote
1 Zucchino
5 getrocknete Tomaten
140 g Kirschtomaten
2 EL Röstzwiebeln
Je 1 EL Paprikapulver, edelsüß und scharf
2 EL Tomatenmark
2 EL Ajvar
Pfeffer und salz
Oregano
Nach Geschmack
Tabasco
Gekörnte Gemüsebrühe
220 ml Kokosmilch

Dauer: 45 Minuten | **Schwierigkeit:** leicht

Zubereitung

1. In einem Topf mit etwa ¼ l Wasser die Quinoa **10 Minuten** kochen.
2. Die Knoblauchzehe schälen und klein hacken. Die Paprika in Würfel schneiden. Die Zucchini klein schneiden. Die Tomaten in kleine Stücke schneiden.
3. Alle Zutaten –bis auf die Tomaten- in den Topf geben, die Hitze herunterdrehen und **5-10 Minuten** köcheln lassen. Nach **5 Minuten** die Tomaten dazugeben und nochmal **15 Minuten** köcheln. Den Eintopf abschmecken. Wenn er scharf werden solle, Tabasco hinzugeben.

Usbekischer Eintopf

Zutaten für 6 Portionen

500 g Lammfleisch
5 Zwiebeln
5 Knoblauchzehen
500 g Tomaten
250 g Möhren
4 Kartoffeln
2 Paprikaschoten
2 Chilischoten
½ Weißkohl
1 Aubergine
1 Bund Dill
1 Bund Petersilie
1 Bund Koriandergrün
2 Lorbeerblätter
1 TL Kreuzkümmel
Pfeffer, Salz
Rapsöl

Dauer: 150 Minuten | **Schwierigkeit:** leicht

Zubereitung

1. Die Zwiebeln schälen, 1 Zwiebel fein hacken, die anderen in Scheiben schneiden. Das Gemüse waschen, ggf. schälen und in Scheiben schneiden. Das Lammfleisch in mittelgroße Würfel schneiden. Die Kräuter grob hacken.
2. In einem großen Topf etwas Öl erhitzen und das Fleisch und die gehackte Zwiebel anbraten. Mit Pfeffer und Salz würzen und Kreuzkümmel und Lorbeerblätter dazugeben.
3. Nacheinander die Zwiebeln, Möhren, Paprika, Tomaten und Auberginenscheiben auf das Fleisch verteilen. Mit den Weißkohlblättern abdecken und die Kartoffelscheiben darauf legen. Darüber die Kräuter, Knoblauch und Chilischoten verteilen. Mit einer Weißkohlschicht abschließen.
4. Zugedeckt das Gericht aufkochen, bis die Flüssigkeit hörbar kocht, auf die niedrigste Stufe schalten und **1 ½ bis 2 Stunden** garen.

Veganer Grünkohl

Zutaten für 6 Portionen

1 kg festkochende Kartoffeln
500 g Zwiebeln
1 kg frischer Grünkohl
450 g Räuchertofu
450 ml Wasser
3 EL Gemüsebrühe
75 g Pflanzenfett
120 ml mittelscharfer Senf
Pfeffer und Salz

Dauer: 90 Minuten | **Schwierigkeit:** leicht

Zubereitung

1. Die Kartoffeln schälen, klein würfeln und in Wasser ruhen lassen. Die Zwiebeln schälen und fein würfeln. Den Grünkohl hacken. Den Tofu klein würfeln.
2. In einem Topf mit 50 g Pflanzenfett die Zwiebeln glasig andünsten. Den Grünkohl dazugeben und leicht mitdünsten. Das Wasser angießen, die Brühe einstreuen und bei mittlerer Hitze leicht köcheln.
3. Den Tofu im restlichen Fett in einer Pfanne anbraten. Nach etwa **45 Minuten** Kochzeit Tofu und Kartoffeln in den Topf geben und etwa **25 Minuten** kochen. Mit den Gewürzen und viel Senf abschmecken.

Steckrüben - Eintopf

Zutaten für 4 Portionen

1 kg Steckrüben
350 g Möhren
500 g Rosenkohl
1 Zwiebel
½ Bund Petersilie
200 g vakuumierte Maronen
100 g durchwachsener Speck
4 Mettwürstchen
2 EL Butterschmalz
1 ½ l Fleischbrühe
Pfeffer und Salz
1 EL Majoran

Dauer: 30 Minuten | **Schwierigkeit:** leicht

Zubereitung

1. Die Steckrüben schälen und in 2x2 cm große Würfel schneiden. Die Möhren putzen und in 1x1 cm große Würfel schneiden. Den Rosenkohl putzen. Die Zwiebel schälen und klein würfeln. Die Petersilie waschen und fein hacken. Den Speck würfeln. Die Mettenden in Scheiben schneiden.
2. Das Butterschmalz in einem großen Topf erhitzen und den Speck auslassen. Die Zwiebel darin goldgelb anbraten. Nach und nach das Gemüse, die Maronen und 2/3 der Petersilie dazugeben und etwa **15 Minuten** anrösten. Die Brühe angießen und mit Pfeffer, Salz und Majoran würzen. Die Suppe aufkochen und etwa **10 Minuten** kochen lassen, bis das Gemüse weich ist. Etwa 2/3 des Inhalts mit einer Schaumkelle herausnehmen und zur Seite stellen.
3. Dann alles pürieren und ggf. noch etwas Brühe angießen. Das entnommene Gemüse und die Mettwurst-Scheiben wieder zugeben und alles weitere **5-10 Minuten** köcheln lassen, bis das restliche Gemüse gar ist. Mit Pfeffer und Salz abschmecken und servieren.

Veganer Linseneintopf

Zutaten für 3 Portionen

3 Zwiebeln
2 Karotten
4 Kartoffeln
250 g Räucher-Tofu
250 g Tellerlinsen
Tomatenmark
Olivenöl
Brühe
Petersilie
Balsamico
Pfeffer und Salz

Dauer: 90 Minuten | **Schwierigkeit:** leicht

Zubereitung

1. Die Zwiebeln, Karotten und Kartoffeln schälen und würfeln. Den Räuchertofu klein würfeln.
2. In einem Topf mit Öl Zwiebeln und Tofu anbraten. Die Karotten und Kartoffeln dazugeben. Wenn das Gemüse Farbe bekommen hat, viel Tomatenmark mit anbraten. Die Brühe einstreuen und mit Wasser ablöschen.
3. Die Linsen einstreuen und kurz aufkochen. Die Suppe etwa **60 Minuten** auf kleiner Hitze köcheln lassen.
4. Mit Brühe, Petersilie, Balsamico, Pfeffer und Salz nach Geschmack würzen.

One Pot Gerichte

◆◆◆◆◆◆◆◆◆◆◆◆◆◆◆◆◆◆◆◆◆◆◆◆◆◆◆◆◆◆

Gulasch aus Amerika

Zutaten für 6 Portionen

2 Paprika – gelb und grün
1 Zwiebel
Olivenöl
500 g Hackfleisch
500 g passierte Tomaten
400 g stückige Tomaten
50 ml Sojasauce
1 EL Basilikum
2 Lorbeerblätter
½ l Wasser
100 ml Rotwein
Pfeffer, Salz, Paprikapulver
300 g Nudeln nach Wahl

Dauer: 35 Minuten | **Schwierigkeit:** leicht

Zubereitung

1. Die Paprika waschen, halbieren und klein schneiden. Die Zwiebel schälen und klein würfeln. Beides in einem großen Topf in etwas Olivenöl anbraten.
2. Das Hackfleisch dazugeben und krümelig braten. Nach Geschmack mit Rotwein ablöschen und alles etwa 5 Minuten köcheln lassen. Die Dosentomaten, Sojasauce, Gewürze und Lorbeerblätter mit dem Wasser in den Topf geben und nochmal **5 Minuten** köcheln lassen.
3. Die Nudeln einrühren und alles solange abgedeckt köcheln lassen, bis die Nudeln weich sind. Ggf. noch Wasser nachgießen.
4. Vor dem Servieren die Lorbeerblätter entfernen.

Asiatische Beinscheibe

Zutaten für 4 Portionen

6 Möhren
1 Stück Sellerie
2 Knoblauchzehen
1 Stück Ingwer
1 Chilischote
4 Rinder-Beinscheiben
6 Birnen
2 EL Butterschmalz
Sesamöl
200 ml Soja-Sauce
Wasser
1 EL Zucker
3 EL Ketjab Manis – indonesische Sauce
Pfeffer und Salz

Dauer: 150 Minuten | **Schwierigkeit:** leicht

Zubereitung

1. Die Möhren und Sellerie schälen und grob stückeln. Den Knoblauch und Ingwer schälen und fein schneiden. Die Birnen schälen, Kerngehäuse entfernen. Eine Birne in grobe Stücke teilen, die übrigen vierteln.
2. In einem Bräter 1 EL Butterschmalz erhitzen, die Beinscheiben beidseitig kräftig anbraten. Dann herausnehmen und beiseite stellen.
3. Im restlichen Butterschmalz die Gemüse, Knoblauch und Chili anbraten. Mit der Sojasauce ablöschen, die Beinscheiben in den Sud legen. Den Ingwer und die gestückelte Birnen dazugeben. Etwa 2 Tassen Wasser angießen und die Temperatur reduzieren. Bei kleiner Hitze **2 Stunden** schmoren.
4. Am Schluss die indonesische Sauce einrühren und die Birnenviertel in den Bräter legen. Mit Pfeffer und Salz abschmecken.

Boeuf Stroganoff

Zutaten für 4 Portionen

400 g Zwiebeln
400 g Champignons
350 g Schweinefleisch
800 g Rinderfilet
4 EL Butter
1 EL scharfer Senf
½ EL Zucker
1 TL Salz
1 Prise Pfeffer
1 Prise Paprikapulver
200 ml Schmand
Weißwein

Dauer: 45 Minuten | **Schwierigkeit:** leicht

Zubereitung

1. Die Zwiebeln schälen und klein schneiden. Die Pilze putzen und halbieren. Die Fleischsorten in kleine Würfel schneiden.
2. Das Fleisch in einem Topf mit Butter kurz anbraten, dann etwa **15-20 Minuten** dünsten lassen. Aus dem Topf nehmen und zur Seite stellen.
3. In einer kleinen Schale Senf, 1 ½ TL Zucker und Salz verrühren und **15 Minuten** stehen lassen.
4. Im Topf die Zwiebel glasig andünsten. Paprikapulver und Champignons zufügen und etwa **15-20 Minuten** dünsten.
5. Das Fleisch zu den Zwiebeln geben, die Senfpaste einrühren und mit Weißwein und Sauerrahm abschmecken. Am Ende mit Pfeffer würzen.

Buletten - Kebab

Zutaten für 6 Portionen

Für die Buletten:
1000 g gemischtes Hackfleisch – Lamm und Rind
1 Zwiebel
1 Knoblauchzehe
½ Bund Petersilie
200 g Semmelbrösel
3 EL Olivenöl
1 Ei
1 TL Kreuzkümmel
1 TL Thymian
1 TL Pul Biber – türkisches Paprikagewürz
1 TL Pfeffer
Salz

Außerdem:
1000 g Kartoffeln
100 g Cocktailtomaten
2 Peperoni
400 ml Wasser
2 EL Olivenöl
1 EL Paprikamark

Dauer: 75 Minuten | **Schwierigkeit:** leicht

Zubereitung

1. Die Zwiebel und den Knoblauch schälen, Zwiebel kleinschneiden, den Knoblauch zerdrücken. Die Petersilie klein hacken. Die Kartoffeln schälen und in Scheiben schneiden. Die Tomaten halbieren. Die Peperoni klein schneiden.
2. Alle Zutaten mit dem Hackfleisch vermengen, etwa **20 Minuten** kneten und dann kleine Buletten formen.
3. Den Backofen auf 200°C vorheizen.
4. Die Kartoffelscheiben und Buletten abwechselnd kreisförmig auf ein Backblech schichten. Mit Peperoni und Cocktailtomaten dekorieren. Dann etwa **30 Minuten** im Ofen backen.
5. In einem kleinen Topf 2 EL Olivenöl und das Paprikamark anbraten und mit 400 ml Wasser ablöschen. Mit Kräutern und Salz abschmecken und alles aufkochen.
6. Das Backblech aus dem Ofen ziehen, die heiße Sauce über die Buletten gießen und nochmal **20 Minuten** im Ofen garen.

Gnocchipfanne

Zutaten für 3 Portionen

220 g Champignons
1 Tomate
½ Bund Basilikum
500 g Gnocchi
250 g Hackfleisch
300-350 ml Gemüsebrühe – selbstgekocht
3 TL Tomatenmark – selbstgemacht
Chilipulver
Knoblauchpulver
Paprikapulver
Pfeffer
Thymian
Olivenöl

Dauer: 30 Minuten | **Schwierigkeit:** leicht

Zubereitung

1. Die Pilze putzen und in Scheiben schneiden. Die Tomate in Würfel schneiden. Die Basilikumblätter abzupfen.
2. In einer großen Pfanne mit dem Öl das Hackfleisch krümelig anbraten. Die Gnocchi und Pilze dazugeben und mitbraten. Nun die Brühe angießen und das Tomatenmark unterrühren. Mit den Gewürzen abschmecken und alles aufkochen lassen.
3. Die Tomaten einrühren und etwa **3-5 Minuten** köcheln lassen. Das Basilikum vor dem Servieren untermischen.

Gnocchipfanne 2.0

Zutaten für 3 Portionen

1 rote Chilischote
1 Knoblauchzehe
1 Zwiebel
Butter
500 g passierte Tomaten
200 ml Sahne
400 g Putengeschnetzeltes
Pfeffer und Salz
400 g frische Gnocchi
1 HV Basilikum

Dauer: 30 Minuten | **Schwierigkeit:** leicht

Zubereitung

1. Die Chili, Knoblauchzehe und Zwiebel schälen und in kleine Würfel schneiden.
2. In einer Pfanne die Butter zerlassen, Zwiebel und Knoblauch kurz anbraten.
3. Die Tomaten und Chili dazugeben und kurz aufkochen lassen. Sahne und Putenfleisch in die Pfanne geben. Mit Pfeffer und Salz würzen.
4. Die Gnocchi in die Pfanne geben, alles etwa **5 Minuten** köcheln lassen.
5. Die Pfanne vom Herd nehmen, das Gericht auf Tellern anrichten und mit Basilikum garnieren.

Gourmet Kartoffeln

Zutaten für 3 Portionen

400-450 g kleine Kartoffeln
400 g Hähnchenbrustfilet
Pfeffer und Salz
Chilipulver
1-2 TL getrocknete Kräuter der Provence
1 TL Honig
6 EL Olivenöl
50 ml trockener Weißwein
100 g getrocknete Tomaten in Öl
Kapern

Dauer: 45 Minuten | **Schwierigkeit:** leicht

Zubereitung

1. Die Kartoffeln waschen und schälen. Das Fleisch waschen, trocken tupfen und in etwa 2 cm lange Streifen schneiden.
2. Das Öl in einer großen Pfanne erhitzen und die Kartoffeln etwa **15-20 Minuten** rundherum braten, bis sie angebräunt sind.
3. Die Kartoffeln zum Rand schieben und die Fleischstreifen anbraten, dabei pfeffern und salzen. Das Chilipulver und die Kräuter über den Pfanneninhalt streuen, mit Wein ablöschen und den Honig einrühren. Den Weinsud einkochen lassen.
4. Die Tomaten abgießen und in der Pfanne anwärmen. Vor dem Servieren die Kapern über das Gericht verteilen.

Großmutters Gulasch

Zutaten für 2 Portionen

1 große Zwiebel
1 Knoblauchzehe
5 große Kartoffeln
1 EL Margarine
2 EL edelsüßes Paprikapulver
½ l Wasser
1 TL Kümmel
Je 1 Prise Salz und Pfeffer
1 Suppenwürfel
1 Prise Majoran
1 Lorbeerblatt
2 EL Schmand
2 EL Mehl
2 dünne Bockwürste

Dauer: Minuten | **Schwierigkeit:** leicht

Zubereitung

1. Die Zwiebel schälen und fein schneiden. Den Knoblauch schälen und pressen. Die Kartoffeln schälen und würfeln.
2. In einem Topf die Margarine zerlassen und die Zwiebeln anbraten. Den Knoblauch und Paprikapulver dazugeben und mit dem Wasser ablöschen.
3. Die Kartoffeln, Kümmel, Pfeffer, Salz, Suppenwürfel, Majoran und Lorbeerblatt zufügen und gut verrühren. Die Kartoffeln bissfest köcheln lassen.
4. Den Schmand und das Mehl in einer kleinen Schüssel verrühren und in das Gulasch einrühren.
5. Die Würstchen in Scheiben schneiden und unterrühren. Mit Salz und Pfeffer kräftig würzen. Vor dem Servieren das Lorbeerblatt entfernen.

Bohnentopf mit Hackfleisch

Zutaten für 6 Portionen

500 g grüne Bohnen
1 Zwiebel
500 g Hackfleisch gemischt
3 EL Rapsöl
3 EL Tomatenmark
Je 1 Prise Pfeffer und Salz
1 ½ l Rinderbrühe – selbstgemacht
250 g Reis

Dauer: 50 Minuten | **Schwierigkeit:** leicht

Zubereitung

1. Die Bohnen waschen und in mundgerechte Stücke schneiden. Die Zwiebel schälen und sehr fein hacken.
2. In einer Pfanne mit dem Öl das Hackfleisch und die Zwiebel kräftig anbraten. Das Tomatenmark einrühren und mit Pfeffer und Salz abschmecken.
3. Die Brühe angießen und Reis und Bohnen einrühren. Bei geringer Hitze etwa **25 Minuten** köcheln, dann nochmal abschmecken.

Gulasch aus dem Brauhaus

Zutaten für 4 Portionen

1 große Zwiebel
1 Knoblauchzehe
1 Möhre
500 g Schweine-Gulasch
2 EL Butterschmalz
½ TL Senf
1 EL Tomatenmark
200 ml Bier nach Wahl
600 ml Gemüsebrühe – selbstgemacht
1 TL edelsüßes Paprikapulver
Pfeffer und Salz
1 EL Creme fraiche
Optional: Saucenbinder

Dauer: 80 Minuten | **Schwierigkeit:** leicht

Zubereitung

1. Die Zwiebel schälen und hacken. Die Knoblauchzehe schälen und pressen. Die Möhre schälen und fein reiben.
2. In einer tiefen Pfanne das Butterschmalz erhitzen, das Gulasch darin kräftig anbraten und würzen. Ist das Wasser verdampft, die Zwiebel, Knoblauch, Möhre, Senf und Tomatenmark dazugeben und kurze Zeit weiterbraten.
3. Mit dem Bier ablöschen und einkochen lassen. Die Brühe einfüllen und zugedeckt etwa **1 Stunde** köcheln lassen. Etwa **5 Minuten** vor dem Ende die Creme fraiche einrühren und ggf. mit Saucenbinder andicken.

Chili con carne

Zutaten für 4 Portionen

1 große Zwiebel
1 Knoblauchzehe
1 kleine rote Chilischote
1 EL Olivenöl
500 g Bio-Rinderhackfleisch
3 EL Tomatenmark – selbstgemacht
1 Ds Pizzatomaten – 400 g
¼ l Rinderbrühe
1 TL gemahlener Kreuzkümmel
Pfeffer und Salz
1 Ds Mais – 285 g
1 Ds Kidneybohnen – 250 g

Dauer: 60 Minuten | **Schwierigkeit:** leicht

Zubereitung

1. Die Zwiebel schälen und klein würfeln. Die Knoblauchzehe schälen und zerdrücken. Die Chilischote halbieren, Fruchtfleisch fein würfeln.
2. In einem großen Topf Öl erhitzen, Zwiebeln hellbraun anbraten.
3. Das Hackfleisch, Chili und Knoblauch zufügen, unterrühren und weiterbraten, bis das Fleisch braun und krümelig ist. Tomatenmark in die Pfanne geben und mitbraten.
4. Die Tomaten und Brühe angießen, umrühren. Mit den Gewürzen abschmecken. Alles etwa 2**0 Minuten** kochen lassen. Dabei ab und zu umrühren.
5. Den Mais und die Bohnen in einem Sieb abspülen, abtropfen lassen. Beides zum Chili geben, nochmal **5 Minuten** kochen lassen.

Hähnchenkeule

Zutaten für 6 Portionen

4 Hähnchenkeulen
½ EL Hähnchengewürz
500-700 g Kartoffeln
1 Zwiebel
2 Tomaten
1 Knoblauchzehe
1 Peperoni
100 ml Wasser
½ EL Tomatenmark
Pfeffer und Salz
1 EL Olivenöl

Dauer: 75 Minuten | **Schwierigkeit:** leicht

Zubereitung

1. Das Hähnchenfleisch klein schneiden und würzen. Die Kartoffeln und Zwiebeln schälen, die Kartoffeln in Scheiben, die Zwiebel in Ringe schneiden. Die Tomaten waschen und in Scheiben schneiden. Den Knoblauch schälen und in Scheiben schneiden. Die Peperoni klein schneiden.
2. In den Tontopf zuerst die Hähnchenkeulen, dann Kartoffeln, Zwiebeln, Peperoni, Knoblauch und die Tomaten darauf geben.
3. Das Tomatenmark mit etwa 100 ml Wasser mischen, abschmecken und über den Topfinhalt gießen. Etwa 1-2 EL Olivenöl darüber träufeln und den Topf mit Deckel etwa **30-40 Minuten** kochen, bis alles gar ist.

Lachs Curry

Zutaten für 4 Portionen

4 Frühlingszwiebeln
2 Tomaten
2 Lachsfilets
300 ml Gemüsebrühe – selbstgemacht
200 ml Kokosmilch
250 g Basmati-Reis
3 EL Currypulver
Pfeffer und Salz

Dauer: 30 Minuten | **Schwierigkeit:**

Zubereitung

1. Die Frühlingszwiebeln waschen und in sehr feine Ringe schneiden. Die Tomaten waschen und fein stückeln. Die Lachsfilets in Stücke schneiden.
2. Die Geflügelbrühe mit dem Curry in einer Schüssel gut verrühren.
3. In einem großen Topf Reis, Kokosmilch, Brühe, Lachsstücke, Tomaten und Frühlingszwiebeln mit der Brühe aufkochen lassen. Die Hitze reduzieren und den Topf mit Deckel solange köcheln, bis der Reis gar ist. Mit Pfeffer und Salz abschmecken.

Mediterranes Kräuterhuhn

Zutaten für 4 Portionen

1 großes Hähnchen
500 g Kartoffeln
500 g Tomaten
500 g Zwiebeln
Pfeffer und Salz
Basilikum
2-3 Zweige Rosmarin
2-3 Zweige Thymian
Olivenöl

Dauer: 80 Minuten | **Schwierigkeit:** leicht

Zubereitung

1. Das Hähnchen waschen und trockentupfen. Die Kartoffeln schälen und in Spalten schneiden. Die Zwiebeln schälen und vierteln. Die Tomaten waschen und vierteln. Die Kräuter von den Stielen zupfen und klein hacken.
2. Den Backofen auf 180°C vorheizen.
3. Das Hähnchen innen und außen mit den Kräutern und Pfeffer und Salz würzen und in eine Auflaufform geben.
4. Die Kartoffeln und Zwiebeln um das Hähnchen verteilen. Alles mit wenig Öl beträufeln und dann etwa **45 Minuten** im Ofen backen. Nach der Zeit die Tomaten in die Form geben und nochmal **15-20 Minuten** braten.

Quinoa mit Hähnchen

Zutaten für 6 Portionen

½ Zwiebel
6 Hähnchenbrüste
230 g Champignons
¾ TL getrockneter Rosmarin
½ TL Paprikapulver
½ TL Pfeffer
½ TL Salz
2 TL Olivenöl
200 g Quinoa
½ l Hühnerbrühe
350 g Spinat

Dauer: 60 Minuten | **Schwierigkeit:** leicht

Zubereitung

1. Die Zwiebel schälen, in feine Würfel schneiden. Die Pilze putzen, in Streifen schneiden.
2. Die Hähnchenbrüste halbieren, mit Rosmarin, Paprika, Pfeffer und Salz einreiben.
3. In einem Topf 1 EL Öl erhitzen, die Hähnchenbrüste anbraten, herausnehmen.
4. Das übrige Öl in den Topf geben, Zwiebeln und Champignons **4-5 Minuten** andünsten.
5. Den Quinoa und die Brühe dazugeben, kurz aufkochen, etwa **15 Minuten** köcheln lassen.
6. Das Hähnchenfleisch hineingeben und nochmal **15 Minuten** köcheln lassen.
7. Den Spinat unterrühren und alles **3-4 Minuten** ziehen lassen.

Rahmpfanne

Zutaten für 4 Portionen

500 g Putenbrustfilet
1 Knoblauchzehe
3 Möhren
1 Stange Porree
8-10 Kartoffeln
2 EL Öl
1 Becher Sahne
Paprikapulver
Pfeffer
Salz
Muskatnuss
Wasser
Basilikum
Oregano
Petersilie
Schnittlauch
2 Scheiben Schmelzkäse

Dauer: 40 Minuten | **Schwierigkeit:** leicht

Zubereitung

1. Das Putenfleisch klein schneiden. Den Knoblauch schälen, ausdrücken und klein schneiden. Den Porree in halbe Ringe schneiden. Die Möhren und Kartoffeln schälen und klein würfeln. Die Kräuter klein schneiden.
2. In einer Schüssel 1 EL Öl mit Paprika, Pfeffer und Salz mischen und das Fleisch darin marinieren. Im Kühlschrank etwa **1 Stunde** durchziehen lassen.
3. In einem Wok oder einer großen Pfanne 1 EL Öl erhitzen und das Fleisch kräftig anbraten. Die Möhren und Kartoffeln dazugeben und mit den Kräutern und Muskatnuss würzen. Die Sahne angießen und so viel Wasser dazugebe, dass der Inhalt bedeckt ist. Den Inhalt kurz aufkochen und etwa **20 Minuten** auf mittlerer Hitze köcheln lassen.
4. Die Käsescheiben unterrühren und nochmal abschmecken.

Rindfleisch Curry

Zutaten für 4 Portionen

500 g Rindfleisch
5 Zwiebeln
3 Kartoffeln
1 Süßkartoffel
Öl
2-4 EL Currypaste
800 ml Kokosmilch
Wasser
5 Kapseln Kardamom
3 Lorbeerblätter
1 EL Tamarindenpaste
1 EL Zucker
½ TL Zimt
100 g Erdnüsse

Dauer: 2 ½ Stunden | **Schwierigkeit:** leicht

Zubereitung

1. Das Fleisch zuerst in Würfel schneiden. Die Zwiebeln, Kartoffeln und Süßkartoffel schälen, die Zwiebeln achteln, Kartoffeln in Würfel schneiden.
2. In einem großen Topf etwas Öl erhitzen, die Currypaste einrühren und **1-2 Minuten** anrösten. Das Fleisch dazugeben, 400 ml Kokosmilch und etwa 100 ml Wasser angießen. Kardamom, Lorbeerblätter, Tamarindenpaste, Zucker und Zimt einrühren. Für etwa **60 Minuten** bei mittlerer Hitze köcheln lassen.
3. Nach der Kochzeit die Zwiebeln zum Curry geben, und nochmal **60 Minuten** köcheln.
4. Am Schluss die Kartoffeln, Süßkartoffeln, Erdnüsse und die übrige Kokosmilch einrühren und weitere **40 Minuten** oder solange köcheln lassen, bis die Kartoffeln gar und das Fleisch sehr zart ist.

Chop Suey

Zutaten für 4 Portionen

150 g grüne Bohnen
1 Zwiebel
1 Knoblauchzehe
3 Möhren
200 g Sojasprossen
2 Lauchzwiebeln
1 Stange Staudensellerie
½ Bund Petersilie
3 EL Sojasauce
3 EL Erdnussöl
1 TL Speisestärke
2 EL Wasser
150 ml Hühnerbrühe – selbstgekocht
500 g Schweinefilet
1 TL Zucker
Je 1 Prise Pfeffer und Salz

Dauer: 30 Minuten | **Schwierigkeit:** leicht

Zubereitung

1. Die Bohnen waschen und in heißem Salzwasser etwa **3-4 Minuten** blanchieren, dann eiskalt abschrecken.
2. Die Zwiebel und Knoblauch schälen und würfeln. Die Möhren putzen und in dünne Stifte schneiden. Die Sojasprossen in einem Sieb abtropfen lassen. Den Sellerie putzen und ohne das Grün in feine Stifte schneiden. Die Lauchzwiebeln waschen und in etwa 1 cm große Stücke schneiden. Die Petersilie waschen und fein hacken. Das Fleisch in Streifen schneiden.
3. In einem Wok 1 EL Öl erhitzen und Möhren und Bohnen etwa **2 Minuten** unter Rühren anbraten, dann an den Rand schieben. Nochmal 1 EL Öl erhitzen und darin die Sojasprossen, den Sellerie und Lauchzwiebeln etwa **1-2 Minuten** unter Rühren anbraten und auch an den Rand schieben. Das Fleisch etwa 3 Minuten anbraten. Die Sojasauce und die Brühe angießen.
4. In einer kleinen Schale die Stärke mit 2 EL Wasser verrühren und untermischen. Alles mit Zucker, Pfeffer und Salz würzen, dann alles zusammenrühren und kurz aufkochen lassen.
5. Vor dem Servieren mit Petersilie bestreuen.

Saarländisches Kartoffelspeise

Zutaten für 4 Portionen

1.500 g Kartoffeln
2 kleine Zwiebeln
1 Bund Petersilie
150 g geräucherter Bauchspeck
2 Eier
Pfeffer und Salz
Öl
Optional Flüssigwürze – selbstgemacht

Dauer: 60 Minuten | **Schwierigkeit:** leicht

Zubereitung

1. Die Kartoffeln schälen und sehr fein reiben. Die Zwiebeln schälen und fein hacken. Die Petersilie waschen, trockenschütteln und fein hacken. Den Speck klein würfeln.
2. In einer großen Schüssel die Kartoffelmasse, Zwiebeln, Petersilie, Bauchspeck und Eier vermengen und nach Geschmack mit den Gewürzen abschmecken.
3. In einer großen Pfanne etwas Öl erhitzen und die Kartoffelmasse einfüllen. Bei mittlerer Hitze etwa **20 Minuten** unter Wenden braten, bis sich eine schöne Kruste gebildet hat.

Schupfnudeln Pfanne

Zutaten für 2 Portionen

1 mittelgroße Zwiebel
1 Knoblauchzehe
2 mittelgroße Möhren
1 kleine Zucchini
300 g Champignons
350 g Hähnchenbrustfilet
100 g Creme fraiche mit Kräutern
100 ml süße Sahne
1 TL Tomatenmark
400 g Schupfnudeln – selbstgemacht
Paprikapulver, Pfeffer und Salz
Öl

Dauer: 45 Minuten | **Schwierigkeit:** leicht

Zubereitung

1. Die Zwiebel schälen und würfeln. Die Knoblauchzehe schälen und fein würfeln. Die Möhren schälen und in Scheiben schneiden. Die Zucchini in Stücke schneiden. Die Pilze waschen und in Scheiben schneiden. Das Fleisch klein schneiden.
2. In einer Pfanne etwas Öl erhitzen und das Fleisch rundherum anbraten. Die vorbereiteten Gemüse und Pilze dazugeben und mit anbraten.
3. Die Nudeln unterrühren und anbraten. Mit Paprika, Pfeffer und Salz würzen. Die Sahne, Creme fraiche und das Tomatenmark einrühren und alles bei kleiner Hitze etwa **5 Minuten** ziehen lassen.
4. Vor dem Servieren nochmal abschmecken und gut umrühren.

Spinat Curry

Zutaten für 4 Portionen

650 g festkochende Kartoffeln
4 Knoblauchzehen
30 ml Rapsöl
Meersalz
1 EL scharfes Currypulver
1 EL Mehl
275 ml Brühe – selbstgemacht
125 ml Sahne
350 g frischer Blattspinat
1 rote Chilischote
400 g Hähnchenbrustfilet
1 TL Zucker

Dauer: 50 Minuten | **Schwierigkeit:** leicht

Zubereitung

1. Die Kartoffeln schälen, längs halbieren und in jeweils 4 Spalten schneiden. Den Knoblauch schälen und in dünne Scheiben schneiden. Den Spinat waschen, die groben Stiele entfernen und große Blätter zerrupfen.
   Die Chilischote längs aufschneiden, entkernen und in Streifen schneiden.
2. In einem Topf das Öl erhitzen und die Zwiebeln glasig andünsten. Die Kartoffeln zugeben, salzen und von allen Seiten anbraten. Das Currypulver und Mehl einrühren und kurz anschwitzen. Die Brühe angießen, gut umrühren und abgedeckt etwa **10 Minuten** bei geringer Hitze kochen lassen.
3. Die Sahne einrühren und ohne Deckel etwa **10 Minuten** kochen, dabei ab und zu umrühren.
4. Das Hähnchenfleisch in etwa 2 cm große Würfel schneiden und mit dem Spinat und dem Chili unter die Kartoffeln heben und gut vermischen. Nochmal etwa **7-8 Minuten** köcheln lassen. Mit Salz und Zucker abschmecken.

Schweinerücken mit Äpfeln

Zutaten für 2 Portionen

10 kleine Kartoffeln
5 kleine Äpfel
3 Knoblauchzehen
500 g Schweinerücken – ohne Knochen
Salz und Pfeffer
40 ml Rapsöl
3 Blatt frischer Salbei
200 ml trockener Weißwein

Dauer: 60 Minuten | **Schwierigkeit:** leicht

Zubereitung

1. Die Äpfel schälen und entkernen. Die Knoblauchzehen schälen und in Stifte schneiden.
2. Das Fleisch an einigen Stellen mit einem Messer einstechen, da hinein die Knoblauchstifte stecken. Das Fleisch salzen und pfeffern. In einer Pfanne mit etwas Öl den Braten scharf anbraten. Hat er Farbe bekommen, mit dem Wein ablöschen.
3. Die Äpfel, Kartoffeln und Salbeiblätter in die Pfanne geben, etwas Öl dazugießen und mit geschlossenem Deckel etwa **35-40 Minuten** bei mittlerer Hitze garen, dabei immer wieder mit Bratensaft begießen.
4. Nochmal abschmecken und servieren.

Hackfleisch Zimt Topf

Zutaten für 4 Portionen

1 große Aubergine
2 Möhren
2 große Kartoffeln
50 g getrocknete Tomaten
1 Zwiebel
1 rote Chilischote
1 Knoblauchzehe
350 g Tatar
2 EL Tomatenmark
175 ml Rinderbrühe – selbstgekocht
½ TL Kreuzkümmel
1 Stange Zimt
Pfeffer, Salz, Zucker
Olivenöl

Dauer: 75 Minuten | **Schwierigkeit:** leicht

Zubereitung

1. Die Aubergine, Möhren und Kartoffeln waschen bzw. schälen und in Würfel schneiden. Die Zwiebeln und Knoblauch schälen und mit den Tomaten in ganz feine Würfel schneiden. Die Chilischote längs aufschneiden, die Kerne und Häutchen entfernen und das Fruchtfleisch in Streifen schneiden.
2. In einer hohen Pfanne das Tatar mit etwas Öl kurz anbraten. Das Gemüse, Tomaten, Chili und Knoblauch dazugeben und mit der Rinderbrühe übergießen. Das Tomatenmark, Zimt, Kreuzkümmel, Pfeffer und Salz unterrühren. Alles mit Deckel bei mittlerer Hitze etwa **30-45 Minuten** schmoren lassen.
3. Das Gericht nochmals abschmecken und sofort servieren.

Weißkohl Topf

Zutaten für 4 Portionen

1 kleiner Weißkohl
750 g Kartoffeln
500 g gemischtes Hackfleisch
1 Becher Sahne
Gemahlener Kümmel
Salz, Pfeffer

Dauer: 75 Minuten | **Schwierigkeit:** leicht

Zubereitung

1. Den Weißkohl in Stücke von etwa 2x2 cm schneiden. Die Kartoffeln schälen und würfeln.
2. In einen großen Topf nun abwechselnd eine Schicht Kartoffeln, Hackfleisch und Kohl geben, es sollten sich 6 Schichten ergeben. Jede Schicht mit Kümmel, Salz und Pfeffer würzen. Etwas Wasser dazugeben.
3. Nun alles abgedeckt etwa **1 Stunde** köcheln lassen. Die Sahne zugeben und alles gut durchrühren.

1. Blumenkohl – Hack – Pasta
2. Feurige Käse – Pasta
3. Hähnchen – Tomaten – Pasta
4. Gyros – Style – Pasta
5. Hähnchen – Rigatoni
6. Hackfleisch – Pasta
7. Lachs – Spinat – Pasta
8. Italienische Wunder Pasta
9. Pasta Caprese
10. Makkaroni – Auflauf
11. Hühnchen - Pasta
12. Pasta alla Lasagne
13. One Pot Pasta
14. Pasta Frikassee
15. Pasta alla Putanesca
16. Spätzle mit Hähnchen
17. Pilz – Puten – Pasta
18. Spaghetti alla Carbonara
19. Salami – Pasta
20. Thunfisch – Pasta
21. Lachs – Pasta mit Garnelen

One Pot Pasta

Blumenkohl-Hack-Pasta

Zutaten für 4 Portionen

2 kleine Zwiebeln
1 Knoblauchzehe
800 g Blumenkohl
2 rote Spitzpaprika
2 EL Olivenöl
450 g gemischtes Hackfleisch
1 l Gemüsebrühe – selbstgemacht
1 Bio-Zitrone
250 g Ricotta
250 g frische Bandnudeln
2 EL Milch
6 Stiele Thymian
Chiliöl
Salz, Pfeffer, Muskatnuss

Dauer: 40 Minuten | **Schwierigkeit:** leicht

Zubereitung

1. Die Zwiebeln und Knoblauchzehe schälen. Die Zwiebel in kleine Würfel schneiden. Den Knoblauch fein hacken. Den Blumenkohl putzen und in kleine Röschen teilen. Die Paprika längs halbieren, abspülen und in Streifen schneiden.
2. In einem großen Topf das Öl erhitzen, darin das Hackfleisch etwa **3-5 Minuten** krümelig anbraten. Die Paprika, Zwiebeln, Knoblauch und Blumenkohl dazugeben und etwa **3-4 Minuten** mitbraten. Mit der Brühe ablöschen, kurz aufkochen und abgedeckt **5-8 Minuten** köcheln lassen.
3. Die Zitronenschale fein abreiben und mit Ricotta und Milch verrühren, die Mischung mit den Nudeln zum Blumenkohl geben. Zugedeckt nochmal **3-4 Minuten** unter Rühren garen lassen. Mit Chiliöl, Salz, Pfeffer und Muskat abschmecken.
4. Die Thymianblättchen abzupfen und unter die Pasta mischen.

Feurige Käse-Pasta

Zutaten für 4 Portionen

1 große rote Zwiebel
3 Knoblauchzehen
2 TL Olivenöl
500 g Hackfleisch
2 TL Kreuzkümmel
1 Prise Salz
1 Prise Pfeffer
1 TL Chilipulver
1 Ds stückige Tomaten – 400 g
2 Ds Kidneybohnen – a`250 g
500 g kurze Nudeln
400 g Käse
Petersilie

Dauer: 25 Minuten | **Schwierigkeit:** leicht

Zubereitung

1. Die Zwiebel schälen und in Würfel schneiden. Die Knoblauchzehen schälen und zerdrücken.
2. In einem großen Topf das Öl erhitzen, Zwiebeln und Knoblauch kurze Zeit anbraten.
3. Das Hackfleisch und die Gewürze dazugeben, alles anbraten. Die Tomaten und Kidneybohnen einrühren. Die Nudeln zum Hackfleisch geben, die Brühe angießen.
4. Alles etwa **15 Minuten** köcheln lassen, die Nudeln sollen al dente sein.
5. Den Käse reiben und unter die Pasta heben.

Hähnchen-Tomaten-Pasta

Zutaten für 4 Portionen

100 g getrocknete Tomaten in Öl
2 Knoblauchzehen
500 g Hähnchenbrustfilet
3 EL Olivenöl
1 l Gemüsebrühe – selbstgemacht
320 ml Sahne
400 g kurze Nudeln
130 g Mozzarella
Petersilie
1 HV gehobelter Parmesan
Chilipulver, Oregano, Salz

Dauer: 30 Minuten | **Schwierigkeit:** leicht

Zubereitung

1. Die Tomaten abgießen und abtropfen lassen, dann klein schneiden. Den Knoblauch schälen und klein würfeln. Das Hähnchenfleisch in kleine Stücke schneiden.
2. In einem Topf mit Olivenöl das Fleisch anbraten. Die Tomaten und den Knoblauch dazugeben und kurz mitbraten. Alles mit Chili, Oregano und Salz würzen.
3. Die Brühe und Sahne angießen und aufkochen lassen. Die Nudeln dazugeben und etwa **15 Minuten** bei mittlerer Hitze unter Rühren köcheln lassen bzw. bis die Nudeln bissfest sind.
4. Den Mozzarella in Würfel schneiden. Die Petersilie hacken. Beides mit dem Parmesan etwa **3 Minuten** vor Ende der Kochzeit unterheben. Mit Salz und evtl. etwas Kräutersalz abschmecken.

Gyros-Style-Pasta

Zutaten für 1 Portion

2 Tomaten
3 Scheiben Kochschinken
1 kleine Ds Champignons
50 g Dinkelnudeln
1 TL mittelscharfer Senf
50 g Schmelzkäse
Kräuter nach Geschmack
Salz, Pfeffer

Dauer: 20 Minuten | **Schwierigkeit:** leicht

Zubereitung

1. Die Tomaten häuten und in Würfel schneiden. Den Schinken in kleine Stücke schneiden.
2. Die gewürfelten Tomaten in eine Pfanne geben, die Champignons mit Sud dazugeben und aufkochen lassen. Den Schinken, den Senf und die Gewürze einrühren.
3. Die Nudeln unterrühren und mit Deckel etwa **10 Minuten** unter Rühren köcheln lassen. Den Schmelzkäse einrühren und solange köcheln, bis die gewünschte Sämigkeit erreicht ist.

Hähnchen-Rigatoni

Zutaten für 4 Portionen

1 Zwiebel
3 Knoblauchzehen
1 rote Paprika
150 g Champignons
350 g Rigatoni
450 g Hähnchenbrustfilet
750 ml Hühnerbrühe – selbstgemacht
¼ l Weißwein
300 g Tomaten – aus der Dose
50 g geriebener Parmesan
1 EL Kräuter der Provence
Pfeffer und Salz
2 Zweige Basilikum

Dauer: 30 Minuten | **Schwierigkeit:** leicht

Zubereitung

1. Die Zwiebeln und Knoblauch schälen, sehr fein hacken. Paprika waschen, entkernen, klein schneiden. Die Pilze putzen und in kleine Stücke schneiden. Das Hähnchenfleisch stückeln.
2. In einem großen Topf alle Zutaten –bis auf Basilikum und Käse- aufkochen. Die Hitze herunterdrehen und etwa **10-15 Minuten** unter Rühren köcheln lassen, bis die Nudeln weich sind. Ggf. noch Wasser dazugießen und weitere **3-5 Minuten** köcheln.
3. Die Basilikumblätter abzupfen und mit dem Käse über die Pasta geben.

Hackfleisch - Pasta

Zutaten für 3 Portionen

300 g Cocktailtomaten
2 Knoblauchzehen
1 Zwiebel
3 Blätter Basilikum
300 g gemischtes Hackfleisch
350 g Nudel nach Wahl
300 ml Gemüsebrühe – selbstgemacht
2 EL Frischkäse – Kräuter
Paprikapulver
Pfeffer
Salz
Muskatnuss
Rapsöl

Dauer: 25 Minuten | **Schwierigkeit:** leicht

Zubereitung

1. Die Tomaten, Knoblauchzehen und die Zwiebel waschen, in kleine Stücke schneiden und in einem großen Topf mit Öl kurz anbraten. Das Hackfleisch dazugeben, mit Paprikapulver, Pfeffer und Salz würzen und braun anbraten. Dann etwas Muskatnusspulver einrühren.
2. Die Nudeln und Brühe zufügen und gut verrühren. Bei mittlerer Hitze die Nudeln al dente kochen. Den Frischkäse und Basilikum dazugeben und gut umrühren.
3. Sind die Nudeln bissfest und die Sauce cremig, kann das Gericht serviert werden.

Lachs – Spinat - Pasta

Zutaten für 4 Portionen

250 g kleine Braune Champignons
1 Zwiebel
1 Knoblauchzehe
100 g junger Blattspinat
2 EL Olivenöl
Pfeffer und Salz
100 ml Sahne
400 g Spaghetti
900 ml Gemüsebrühe – selbstgemacht
1 BIO-Zitrone
½ Bund Thymian
1 Zweig Rosmarin
250-300 g Räucherlachs

Dauer: 30 Minuten | **Schwierigkeit:** leicht

Zubereitung

1. Die Pilze putzen und halbieren. Die Zwiebel schälen und in dünne Ringe schneiden. Den Knoblauch schälen und fein hacken. Den Spinat waschen und trockenschleudern.
2. Das Öl in einem großen Topf erhitzen, die Champignons rundherum anbraten. Die Zwiebeln und den Knoblauch dazugeben, kurze Zeit mitbraten und mit wenig Salz und Pfeffer würzen. Die Zutaten auf einen Teller umfüllen.
3. In dem Topf die Spaghetti mit Brühe und Sahne aufkochen lassen, etwa **10 Minuten** abgedeckt garen lassen, bis die Nudeln bissfest sind.
4. Die Zitronenschale fein abreiben und die Zitrone auspressen. Den Thymian und Rosmarin abspülen und trockenschütteln. Vom Thymian die Blätter zupfen, die Rosmarinnadeln abstreifen und hacken. Beides mit dem Spinat und der Pilzmischung zu den Nudeln geben und aufkochen lassen. Mit Pfeffer, Salz und Zitronensaft abschmecken.
5. Den Lachs zerrupfen und mit dem Zitronenabrieb auf die Spaghetti geben.

Italienische Wunder Pasta

Zutaten für 2 Portionen

250 g Pasta – Farfalle, Penne o.ä.
1 Zwiebel
1 Knoblauchzehe
100 g frischer Spinat
1 HV Basilikum
1 Ds stückige Tomaten
2 TL Majoran
Pfeffer und Salz
½ TL Chilipulver
1 EL Frischkäse
2 EL Olivenöl
250 ml Gemüsebrühe

Dauer: 30 Minuten | **Kalorien:** kcal

Zubereitung

1. Die Zwiebel und den Knoblauch schälen und sehr fein schneiden. Das Basilikum und den Spinat waschen, trocknen und klein schneiden.
2. Alle Zutaten in einen großen Topf geben und die Nudeln gar kochen. Ggf. noch Brühe oder Wasser angießen.
3. Mit Curry, Pfeffer und Salz abschmecken und servieren.

Pasta Caprese

Zutaten für 4 Portionen

125 g Mozzarella
1 Glas getrocknete Tomaten in Öl – 320 g
2 Knoblauchzehen
1 Bund Basilikum
75 g Parmesan – am Stück
500 g Fusilli oder Penne
Salz und Pfeffer
1 l Wasser
200 g Sahne
Abrieb einer Bio-Zitrone

Dauer: 30 Minuten | **Schwierigkeit:** leicht

Zubereitung

1. Den Mozzarella fein würfeln. Die Tomaten abgießen, in kleine Stücke schneiden. Den Knoblauch schälen, fein hacken. Den Basilikum waschen, die Hälfte hacken. Den Parmesan reiben.
2. Die Nudeln mit Mozzarella, Tomaten, Basilikum, Knoblauch, Salz, Wasser und der Sahne in einen hohen Topf geben. Alles verrühren, auf der größten Hitze aufkochen lassen.
3. Die Hitze auf mittlere Stufe reduzieren, Deckel auflegen und etwa **10-15 Minuten** kochen lassen. Alle **3-4 Minuten** umrühren. Nach 10 Minuten prüfen, ob die Nudeln gar sind, evtl. noch 50-100 ml Wasser aufgießen.
4. Sind die Nudeln al dente, den Parmesan unterheben, Zitronenabrieb zufügen und mit Pfeffer abschmecken.

Makkaroni - Auflauf

Zutaten für 4 Portionen

500 g Makkaroni
1 Stange Porree
1 Zwiebel
250 g Kochschinken
¼ l Sahne
150 ml Weißwein
¾ l Gemüsebrühe – selbstgemacht
150 g geriebenen Käse
Muskatnuss, Pfeffer, Salz

Dauer: 50 Minuten | **Schwierigkeit:** leicht

Zubereitung

1. Den Backofen auf 200°C Umluft vorheizen.
2. Die Makkaroni im Paket 2x durchbrechen. Den Porree waschen und klein schneiden. Die Zwiebel schälen und in kleine Würfel schneiden. Den Kochschinken klein schneiden.
3. Die Nudeln mit den Gemüsen, dem Kochschinken, Sahne, Wein und Brühe in eine Auflaufform füllen, dabei leicht pfeffern und Muskatnuss aufstreuen. Den geriebenen Käse darauf verteilen.
4. Im Ofen etwa **30-35 Minuten** backen und vor dem Servieren noch leicht salzen.

Hühnchen-Pasta

Zutaten für 4 Portionen

Für das Gewürz:
2 TL geräuchertes Paprikapulver
¼ TL schwarzer Pfeffer
¼ TL Salz
¼ TL Cayennepfeffer
1 TL Oregano
1 TL Thymian
½ TL Zwiebelpulver

Außerdem:
1 Zwiebel
1 Knoblauchzehe
1 Chilischote
3 Frühlingszwiebeln
1 EL Olivenöl
1 EL Butter
450 g Hühnerbrust
250 g Penne
400 g stückige Tomaten
¼ l Hühnerbrühe – selbstgemacht
100 g Frischkäse

Dauer: 40 Minuten | **Schwierigkeit:** leicht

Zubereitung

1. In einer kleinen Schüssel die Gewürzzutaten vermischen.
2. Die Zwiebel schälen und klein würfeln. Den Knoblauch schälen und pressen. Die Chilischote in kleine Würfel schneiden. Die Frühlingszwiebeln in feine Ringe schneiden. Das Hähnchenfleisch in Stücke schneiden.
3. Das Fleisch in einer Schüssel mit der Gewürzmischung mischen.
4. In einer großen tiefen Pfanne das Öl und die Butter erhitzen. Die Fleischstücke von allen Seiten einige Minuten braten, bis das Fleisch Farbe bekommt. Die Zwiebeln, Knoblauch und Chili dazugeben und etwa **2-3 Minuten** weiterbraten, dabei immer wieder umrühren.
5. Die Nudeln, Tomaten mit Saft und die Hühnerbrühe in die Pfanne einrühren und gut untermischen. Mit Deckel zum Kochen bringen, dann bei mittlerer Hitze etwa **10 Minuten** köcheln lassen. Die Nudeln sollten weich sein und die Flüssigkeit angedickt.
6. Den Frischkäse unterrühren, auf Tellern anrichten und mit Frühlingszwiebeln bestreuen.

Pasta alla Lasagne

Zutaten für 4 Portionen

2 mittelgroße Zwiebeln
1 rote Paprikaschote
1 Knoblauchzehe
3 EL getrocknete italienische Kräuter
500 g gemischtes Hackfleisch
2 EL Rapsöl
Salz und Pfeffer
500 g stückige Tomaten – aus der Dose
400 g passierte Tomaten – aus der Dose
½ l Rinderbrühe – selbstgemacht
250 g kurze Bandnudeln
1 EL Basilikum
1 EL Oregano
7 EL geriebener Parmesan
60 g geriebener Gouda
130 g Ricotta

Dauer: 45 Minuten | **Schwierigkeit:** leicht

Zubereitung

1. Die Zwiebeln schälen und fein hacken. Die Paprika in Würfel schneiden. Den Knoblauch schälen und hacken. Die Kräuter fein hacken.
2. In einem weiten Topf das Hackfleisch krümelig braten und salzen und pfeffern. Die Zwiebeln und Paprika dazugeben und anschwitzen. Den Knoblauch und die Kräuter einrühren. Mit den Tomaten und der Brühe ablöschen. Die Nudeln einrühren, alles kurz aufkochen und unter Rühren etwa **5 Minuten** köcheln lassen. Den Topfinhalt mit Basilikum, Oregano und 4 EL Parmesan würzen. Mit Deckel etwa **10-15 Minuten** die Nudeln bissfest garen, dabei ab und zu umrühren.
3. Mithilfe von 2 Teelöffeln den Ricotta kleckweise auf die Nudeln geben, mit Parmesan und Gouda bestreuen. Bei kleiner Hitze den Käse schmelzen lassen.

One Pot Pasta

Zutaten für 4 Portionen

200 g Tomaten
500 g Rinderhackfleisch
500 g Pasta
650 ml Rinderbrühe – selbstgemacht
250 g Feta
100 g Rucola
Öl
Chilipulver
Pfeffer
Salz
Knoblauchpulver

Dauer: 30 Minuten | **Schwierigkeit:** leicht

Zubereitung

1. Die Tomaten waschen und klein schneiden.
2. In einem Topf mit etwas Öl das Hackfleisch kräftig anbraten. Die Nudeln, Brühe und Tomaten dazugeben und etwas aufkochen lassen. Die Nudeln solange köcheln lassen, bis sie bissfest sind.
3. Den Feta und Rucola untermischen und nach Geschmack würzen.

Pasta Frikassee

Zutaten für 4 Portionen

300 g Karotten
200 g Spargel – aus dem Glas
2 Frühlingszwiebeln
450 g Hähnchenbrustfilet
1 TL Rapsöl
½ l Gemüsebrühe
200 ml Sahne
350 g Bandnudeln
100 g TK-Erbsen
Etwas Worcestersauße
Pfeffer und Salz

Dauer: 35 Minuten | **Schwierigkeit:** leicht

Zubereitung

1. Die Karotten schälen, längs halbieren und in Scheiben schneiden. Den Spargel in einem Sieb abtropfen lassen und klein schneiden. Die Frühlingszwiebeln waschen und in Ringe schneiden. Das Fleisch waschen, trocken tupfen und in Stücke schneiden, dann mit Pfeffer und Salz würzen.
2. In einem großen Topf das Öl erhitzen und das Fleisch etwa **2 Minuten** rundherum anbraten. Den Spargel, die Frühlingszwiebeln und die Karotten zufügen und **2 Minuten** mitdünsten. Dann alles nochmal würzen.
3. Die Brühe und Sahne angießen und aufkochen lassen. Die Nudeln und Erbsen dazugeben und bei geringer Hitze etwa **15-20 Minuten** die Nudeln bissfest köcheln lassen. Immer wieder umrühren.
4. Die Pasta mit Worcestersauße, Pfeffer und Salz abschmecken und servieren.

Pasta alla Putanesca

Zutaten für 4 Portionen

500 g Tomaten
½ Bund Basilikum
1 getrocknete Peperoni
8 Sardellenfilets
2 Knoblauchzehen
100 g schwarze entsteinte Oliven
3 EL Kapern
1 Zitrone
500 g Spaghetti
2 EL Tomatenmark
Pfeffer und Salz
100 ml Weißwein
400 ml Wasser
50 g Parmesan

Dauer: 25 Minuten | **Schwierigkeit:** leicht

Zubereitung

1. Die Tomaten waschen, klein schneiden. Das Basilikum waschen, trockenschleudern, die Blätter abzupfen und klein hacken. Peperoni sehr fein hacken. Knoblauch schälen und kleine hacken. Sardellen klein schneiden.
2. In einem Topf das Wasser aufkochen, Spaghetti hineingeben. Basilikum, Oliven, Kapern, Peperoni, Knoblauch, Tomatenmark, Weißwein und Sardellen in das kochende Wasser geben. Gut verrühren und köcheln lassen.
3. Etwas Zitronensaft hineinspritzen, mit Salz und Pfeffer abschmecken.
4. Vor dem Servieren den Parmesan reiben und über das Gericht streuen.

Spätzle mit Hähnchen

Zutaten für 4 Portionen

500 g Hähnchenbrustfilet
1 Stange Porree
2 Karotten
1 EL Sonnenblumenöl
1 EL Sambal Oelek
1 TL Tomatenmark
120 ml Sahne
275 ml Gemüsebrühe
400 g Spätzle
3 EL geriebener Gouda
Pfeffer und Salz
1 EL gehackte Petersilie

Dauer: 30 Minuten | **Schwierigkeit:** leicht

Zubereitung

1. Das Fleisch waschen, trocken tupfen und würfeln. Den Porree putzen und in feine Ringe schneiden. Die Karotten schälen und klein würfeln.
2. In einem Topf das Öl erhitzen und das Hähnchenfleisch etwa **2 Minuten** rundherum anbraten.
3. Den Porree und die Karotten dazugeben und nochmal **2 Minuten** braten. Den Sambal Oelek und das Tomatenmark einrühren und kurz mitbraten. Mit Sahne und Brühe ablöschen, die Spätzle zufügen und etwa **2 Minuten** köcheln lassen.
4. Die Spätzle mit dem Gouda verfeinern und mit Pfeffer und Salz abschmecken. Zum Servieren die Petersilie aufstreuen.

Pilz – Puten - Pasta

Zutaten für 4 Portionen

450 g Putengeschnetzeltes
250 g braune Champignons
20 Cocktailtomaten
1 Bund Frühlingszwiebeln
400 ml selbstgemachte Gemüsebrühe
250 ml Sahne
350 g Penne
170 g Kräuterfrischkäse
Gewürze nach Geschmack – Pfeffer, Salz, Chili, Paprika
Basilikum
Petersilie

Dauer: 35 Minuten | **Schwierigkeit:** leicht

Zubereitung

1. Die Champignons waschen und vierteln. Die Tomaten halbieren. Die Frühlingszwiebeln waschen und in feine Ringe schneiden.
2. Das Putenfleisch in einem großen Topf nach Geschmack würzen. Die Frühlingszwiebeln, Pilze und Tomaten dazugeben. Die Brühe und die Sahne angießen und alles zum Kochen bringen. Die Nudeln zufügen und bei mittlerer Hitze garen lassen.
3. Sind die Nudel bissfest und die Sauce eingekocht, den Frischkäse einrühren.
4. Das Gericht mit reichlich Petersilie und Basilikum abschmecken.

Spaghetti alla Carbonara

Zutaten für 2 Portionen

125-150 g Schinkenwürfel
1 Knoblauchzehe
1 EL Olivenöl
350 g Spaghetti
300 ml Milch
230 ml Sahne
400 ml Gemüsebrühe – selbstgemacht
1 EL geriebener Parmesan
Pfeffer und Salz
Frische oder TK-Kräuter

Dauer: 35 Minuten | **Schwierigkeit:** leicht

Zubereitung

1. In einem großen Topf die Schinkenwürfel anbraten. Die Knoblauchzehe hineinpressen und mit einem Schuss Öl anschwitzen. Die rohen Nudeln dazugeben und Milch, Sahne und Brühe angießen. Alles etwa **12-15 Minuten** einkochen lassen, dabei mehrmals umrühren.
2. Beginnt die Sauce einzudicken, die Gewürze und Kräuter einrühren. Am Ende den Parmesan dazugeben.
3. Sind die Nudeln al dente und die Sauce cremig, das Gericht servieren.

Salami - Pasta

Zutaten für 4 Portionen

3 Paprikaschoten – gelb, grün, rot
200 g Kirschtomaten
100 g Mini-Salami
200 g Spaghetti
400 ml Wasser
200 ml Sahne
1 EL Kräutermischung
Pfeffer und Salz
75 g geriebener Parmesan

Dauer: 25 Minuten | **Schwierigkeit:** leicht

Zubereitung

1. Die Paprika halbieren, waschen und in kleine Würfel schneiden. Die Tomaten waschen und halbieren.
2. In einem Topf die Nudeln, Salami, Paprika, Tomaten, Sahne und Wasser aufkochen und mit Deckel etwa **10 Minuten** garen, dabei gelegentlich umrühren.
3. Die Kräuter einrühren und mit Pfeffer und Salz würzen. Vor dem Servieren mit dem Parmesan bestreuen.

Thunfisch - Pasta

Zutaten für 3 Portionen

2 Ds Thunfisch
75 g Cocktailtomaten
Basilikum – einige Stiele
500 g Pasta – Tagliatelle o.ä. – Garzeit 8-10 Min.
1 Ds stückige Tomaten
600 ml Gemüsebrühe – selbstgemacht
2 Becher Creme fraiche
Balsamico
Chiliflocken
Pfeffer und Salz

Dauer: 35 Minuten | **Schwierigkeit:** leicht

Zubereitung

1. Den Thunfisch in einem Sieb abtropfen lassen. Die Tomaten waschen und halbieren. Das Basilikum waschen, die Blätter abzupfen und klein schneiden.
2. Alle Zutaten –bis auf Basilikum- in einem großen Topf mit Deckel aufkochen lassen. Die Stiele des Basilikums mitkochen. Alles **10-12 Minuten** unter Rühren bei mittlerer Hitze köcheln lassen. Ist die Flüssigkeit verkocht, aber die Nudeln noch nicht gar, etwas Wasser angießen.
3. Sind die Nudeln al dente, die Stiele entfernen und nach Geschmack würzen. Die Hälfte der Basilikumblätter einrühren, die übrigen als Garnitur verwenden.

Lachs-Pasta mit Garnelen

Zutaten für 4 Portionen

8 Riesengarnelen, entdarmt
1 Zwiebel
1 Knoblauchzehe
1 EL Olivenöl
500 g Fusilli
1 l Gemüsebrühe – selbstgemacht
200 ml Sahne
100 g Blattspinat
200 g Räucherlachs
2 EL Zitronensaft
Pfeffer und Salz

Dauer: 30 Minuten | **Schwierigkeit:** leicht

Zubereitung

1. Die Garnelen abwaschen und trocknen. Die Zwiebel und Knoblauchzehe schälen und in feine Würfel schneiden.
2. Das Öl in einem großen Topf erhitzen, die Garnelen etwa **1 Minuten** von beiden Seiten anbraten. Dann aus der Pfanne nehmen.
3. Die Zwiebel- und Knoblauchwürfel in den Topf geben, bei mittlerer Hitze unter Rühren etwa **3 Minuten** andünsten.
4. Nudeln, Gemüsebrühe und Sahne in den Topf geben, kurz aufkochen lassen. Etwa **15 Minuten** unter Rühren die Nudeln al dente kochen.
5. Den Spinat waschen und trockenschütteln. Den Lachs in Streifen schneiden. Beides zu den Nudeln geben und verrühren.
6. Den Zitronensaft in die Pasta geben, mit Pfeffer und Salz abschmecken. Die Garnelen zufügen und alles heiß servieren.

One Pot Gerichte mit Reis

„ Hähnchen – Burrito-Bowl“

Zutaten für 4 Portionen

1 Zwiebel
1 Bund Frühlingszwiebeln
2 Tomaten
500 g Hähnchenbrust
600 ml Hühnerbrühe – selbstgemacht
1 Ds rite Kidneybohnen
1 Ds Mais
1 Ds stückige Tomaten
200 g Langkornreis
1 Becher Schmand
150 g geriebener Gouda
Mexikanische Gewürzmischung
Olivenöl

Dauer: 50 Minuten | **Schwierigkeit:** leicht

Zubereitung

1. Die Zwiebel schälen und würfeln. Die Frühlingszwiebeln in feine Ringe schneiden. Die Tomaten waschen und klein würfeln. Das Hähnchenfleisch klein schneiden.
2. In einem Wok oder einer tiefen Pfanne die Zwiebeln in Öl anschwitzen und das Hähnchenfleisch anbraten. Die Brühe, stückige Tomaten, Kidneybohnen und Mais dazugeben und mit dem Mexiko-Gewürz abschmecken. Alles zum Kochen bringen.
3. Den Reis einfüllen, er muss vollständig mit Brühe bedeckt sein. Köcheln lassen, bis die Flüssigkeit ausgesogen ist.
4. Den Wok vom Herd nehmen und den Reis mit Gouda bestreuen. Dann zudecken und den Gouda zerlaufen lassen. Den Schmand in Klecksen auf den Käse geben. Darauf die geschnittenen Tomaten und die Hälfte der Frühlingszwiebeln geben.

One Pot – Reis mit Hähnchen

Zutaten für 4 Portionen

1 Brokkoli
1 Bund Frühlingszwiebeln
200 g Tomaten
300-350 g Hähnchenfilet
2 EL Rapsöl
250 g Reis
1 l Gemüsebrühe – selbstgemacht
Pfeffer und Salz
Parmesan

Dauer: 40 Minuten | **Schwierigkeit:** leicht

Zubereitung

1. Den Brokkoli in kleine Röschen teilen. Die Frühlingszwiebeln putzen und in Ringe schneiden. Die Tomaten waschen und in Würfel schneiden.
2. Das Hähnchenfleisch waschen und in Streifen schneiden.
3. In einer Pfanne das Öl erhitzen und das Fleisch rundherum anbraten. Den Brokkoli und Reis dazugeben und kurz mitbraten. Mit der Brühe ablöschen und etwa **15 Minuten** köcheln lassen. Nach **10 Minuten** die Tomaten und Frühlingszwiebeln einrühren.
4. Nach der Garzeit noch **2 Minuten** ziehen lassen, dann abschmecken und mit Parmesan bestreuen.

Hähnchenbrust - Reis mit Kichererbsen

Zutaten für 4 Portionen

1 Ds Kichererbsen
2 Hähnchenbrüste
10 Datteln
1 Zwiebel
2 Knoblauchzehen
Olivenöl
300 g Langkornreis
600 ml Hühnerbrühe – selbstgemacht
1 Zitrone
2 TL Ras el Hanout – arabische Gewürze

Dauer: 45 Minuten | **Schwierigkeit:** leicht

Zubereitung

1. Die Kichererbsen in einem Sieb abspülen. Die Datteln entsteinen und klein stückeln. Die Zwiebel und den Knoblauch schälen und fein würfeln.
2. Den Backofen auf 150°C Umluft vorheizen.
3. Die Hähnchenbrüste mit Öl einreiben und mit Ras el Hanout bestreuen.
4. In einer backofengeeigneten Pfanne die Zwiebeln in Öl glasig andünsten, den Knoblauch kurze Zeit mitdünsten. Den Reis dazugeben, die Brühe aufgießen und alles kurz aufkochen. Die Pfanne sofort vom Herd ziehen, Datteln und Kichererbsen einrühren und die Hähnchenstücke auf den Reis legen.
5. Das Gericht **20-30 Minuten** im Backofen backen. Nach etwa **15 Minuten** prüfen, ob Flüssigkeit fehlt und dann ggf. Brühe angießen. Ist der Reis fertig, kann das Gericht serviert werden.

Mexican - Style

Zutaten für 4 Portionen

1 Knoblauchzehe
1 Zucchini
1 rote Paprika
1 Zwiebel
1 Bund glatte Petersilie
200 g Mais – aus der Dose
2 EL Olivenöl
350 g Basmati-Reis
750 ml Gemüsebrühe – selbstgemacht
1 EL Tomatenmark
Salz
½ TL Curry
Schwarzer Pfeffer
1 Prise Zimt100 g Creme fraiche
100 g geriebener Gouda

Dauer: 30 Minuten | **Schwierigkeit:** leicht

Zubereitung

1. Knoblauch und Zwiebel schälen und sehr fein würfeln. Die Zucchini in grobe Würfel schneiden. Die Paprika entkernen und in feine Streifen schneiden. Die Petersilie waschen und fein hacken. Den Mais in ein Sieb gießen und abtropfen lassen.
2. Das Öl in einem großen Topf erhitzen, Knoblauch und Zwiebel glasig andünsten. Die Zucchini, Paprika und den Mais mit dem Reis in den Topf geben. Mit der Brühe ablöschen, umrühren und mit Tomatenmark, Salz, Curry, Pfeffer und Zimt würzen.
3. Das Reisgericht offen etwa **10 Minuten** unter Rühren köcheln lassen. Ist der Reis gar, Creme fraiche und Käse unterrühren und mit Petersilie bestreuen und sofort servieren.

One Pot-Reis mit Jalapenos

Zutaten für 3 Portionen

400 g Hähnchenbrustfilet
4 Jalapenos
4 Frühlingszwiebeln
2 Knoblauchzehen
300 g Reis
½ l Gemüsebrühe – selbstgemacht
125 ml Milch
125 g Cheddar-Käse
120 g Frischkäse
50 g Paniermehl
2 EL Butter
1 EL Rapsöl
Je 1 TL Kreuzkümmel, Cayennepfeffer und Zwiebelgranulat
Pfeffer und Salz
Zimt

Dauer: 40 Minuten | **Schwierigkeit:** leicht

Zubereitung

1. Die Jalapenos, Frühlingszwiebeln, Knoblauchzehen und das Hähnchenfleisch klein schneiden. Den Cheddar fein würfeln.
2. In einer Pfanne Öl und Butter erhitzen, das Hähnchenfleisch anbraten. Dann Jalapenos, Frühlingszwiebeln und den Knoblauch kurz mitbraten lassen. Die Brühe, den Reis und die Gewürze dazugeben und den Reis bissfest garen.
3. Den Backofen auf 200°C vorheizen.
4. Die Käsesorten in die Pfanne einrühren und schmelzen lassen, dann gut abschmecken. Den Pfanneninhalt in eine Auflaufform umfüllen und mit Paniermehl bestreuen. Nun etwa **15 Minuten** im Backofen nachgaren lassen.

Puten-Reisfleisch

Zutaten für 3 Portionen

2 Zwiebeln
300 g Putenfleisch
250 g langkornreis
½ l Gemüsebrühe – selbstgemacht
2 EL Tomatenmark
3 EL Paprikapulver
Pfeffer und Salz
1 Prise getrockneter Majoran
1 Lorbeerblatt
1 EL Essig
Schnittlauch
Olivenöl

Dauer: 30 Minuten | **Schwierigkeit:** leicht

Zubereitung

1. Die Zwiebeln schälen und fein würfeln. Das Fleisch in Würfel schneiden.
2. In einem Topf das Öl erhitzen, die Zwiebel glasig andünsten. Das Fleisch dazugeben, pfeffern und salzen und ringsherum anbraten.
3. Den Reis in den Topf geben und kurz dünsten. Das Tomatenmarl und Paprikapulver einrühren und kurz anrösten. Das Ganze mit Essig ablöschen. Die Brühe, Majoran und Lorbeerblatt zufügen und abgedeckt köcheln, bis keine Flüssigkeit mehr vorhanden ist.
4. Das Gericht auf Tellern anrichten, mit Schnittlauch bestreuen und servieren.

Jambalaya mit Huhn und Garnelen

Zutaten für 4 Portionen

150 g Hähnchenbrustfilet – ohne Haut und Knochen
Schwarzer Pfeffer
Meersalz
Chiliflocken
Paprikapulver
2 grobe Bratwürste
1 Zwiebel
2 Knoblauchzehen
1 rote Paprika
2 Tomaten
1 Bund Frühlingszwiebeln
½ Bund glatte Petersilie
1 EL Butter
2 EL Tomatenmark
650 ml selbstgemachte Geflügelbrühe
250 g Langkornreis
Saft einer ½ Zitrone
20 Garnelen – ohne Schale und entdarmt
Rapsöl
1 Lorbeerblatt
Getrockneter Oregano und Thymian

Dauer: 90 Minuten | **Schwierigkeit:** leicht

Zubereitung

1. Hähnchenbrust waschen, in nicht zu kleine Stücke schneiden und in eine Schüssel geben. Nach Geschmack mit Pfeffer, Salz, Chili und Paprika bestreuen und vermischen. Die Schüssel verschließen und in den Kühlschrank stellen. Die Bratwürste in Scheiben schneiden und beiseite stellen.
2. Die Zwiebeln und Knoblauch schälen, in feine Würfel schneiden. Die Paprika halbieren, entkernen und würfeln. Die Tomaten waschen, halbieren, den Strunk herausschneiden. Die Tomaten würfeln. Die Wurzeln der Frühlingszwiebeln abschneiden. Die hellen und dunklen Teile der Zwiebeln in feine Ringe schneiden. Die Petersilie waschen, trockenschütteln, nicht zu fein hacken.
3. In einen Bräter etwas Öl auf höchster Temperatur erhitzen. Die Bratwurstscheiben rundherum knusprig anbraten. Dann die Scheiben aus dem Bräter nehmen und in eine große Schüssel geben. Im Öl jetzt die Hähnchenwürfel gut anbraten. Die Würfel zur Bratwurst geben.
4. Die Butter im Bratöl schmelzen, gehackte Zwiebeln und Knoblauch glasig anbraten. Die Paprika zufügen und anbraten, dann die Hälfte der Frühlingszwiebeln, das Lorbeerblatt, Oregano und Thymian und Tomatenmark hineingeben und anschwitzen. Die Tomatenwürfel am Schluss dazugeben.
5. Die Brühe angießen, alles aufkochen lassen. Den Reis unterrühren. Bratwurst und Hühnerfleisch in den Topf geben, den Topf abdecken und bei mittlerer Hitze etwa **20 Minuten** köcheln lassen.
6. Die übrigen Frühlingszwiebeln, die Petersilie, Zitronensaft und Garnelen unterrühren.
7. Den Topf vom Herd nehmen und den Deckel auflegen. Die Mischung etwa **15 Minuten** stehen lassen. Dann nochmal durchrühren, mit Petersilie bestreuen und servieren.

Risotto mit Artischocken und Bratwurst

Dauer: 40 Minuten | **Schwierigkeit:** leicht

Zutaten für 4 Portionen

1 Knoblauchzehe
1 Zwiebel
3 EL Olivenöl
250 g Risottoreis
100 ml trockener Weißwein
450 ml Fleischbrühe – selbstgemacht
Pfeffer, Salz
1 Ds Artischockenherzen – in Lake
4 getrocknete Tomaten in Öl
1 EL Butter
3 EL geriebener Parmesan
3 grobe Schweinsbratwürste

Zubereitung

1. Die Knoblauchzehe und Zwiebel schälen und fein würfeln. Beides in einer Pfanne mit 2 EL Olivenöl andünsten. Den Reis dazugeben und unter Rühren bei geringer Hitze etwa **3 Minuten** andünsten. Mit dem Wein ablöschen. Nach und nach die Brühe angießen und **20-25 Minuten** bei kleiner Hitze köcheln lassen, bis die Brühe verkocht und der Reis cremig ist.
2. Die Artischockenherzen in Scheiben schneiden. Die Tomaten abtropfen lassen. Beides zum Risotto geben und anwärmen. Mit Pfeffer und Salz abschmecken und die Butter und den Parmesan unterheben.
3. Die Würste in Scheiben schneiden, in Öl braten und zum Risotto geben.

Römer –One Pot

Dauer: 45 Minuten | **Schwierigkeit:** leicht

Zutaten für 4 Portionen

750 g rote Paprika
200 g Porree
300 g Zwiebel
1 Knoblauchzehe
500 g mageres Schweinefleisch
100 g Reis
Pfeffer und Salz
¼ l Rinderbrühe
1 Bund Petersilie

Zubereitung

1. Die Paprika und den Porree putzen, waschen und in kleine Stücke schneiden. Die Zwiebel und Knoblauch schälen und sehr fein hacken. Das Fleisch in kleine Würfel schneiden. Die Petersilie waschen und fein hacken.
2. Das Fleisch in einem Topf mit Öl schnell anbraten. Paprika, Porree, Zwiebel und Knoblauch dazugeben und andünsten. Den Reis mit der Brühe und den Gewürzen untermischen und weichdünsten.
3. Vor dem Servieren mit der Petersilie bestreuen.

Schneller gebratener Reis

Zutaten für 2 Portionen

1 Zwiebel
10 g Ingwer
1 rote Paprika
1 Frühlingszwiebel
2 EL Öl
250 g Express-Reis
200 g TK-Erbsen
2 mittelgroße Eier
1 EL Sojasauce
45 g geröstete und gesalzene Erdnüsse
1 TL Koriandergrün

Dauer: 35 Minuten | **Schwierigkeit:** leicht

Zubereitung

1. Die Zwiebel und den Ingwer schälen, die Zwiebel in feine Streifen schneiden, den Ingwer sehr fein hacken. Die Paprika vierteln, entkernen und streifig schneiden. Die Frühlingszwiebeln putzen und in Scheiben schneiden.
2. In einer großen Pfanne oder einem Wok das Öl erhitzen, darin Zwiebeln, Ingwer, Paprika und Frühlingszwiebeln etwa **3-4 Minuten** bei mittlerer Hitze braten. Den Reis dazugeben und **5-6 Minuten** unter Rühren braten.
3. Die Erbsen in einem Sieb mit heißem Wasser übergießen und unter den Reis mischen. Die Eier und die Sojasauce mischen. Den Reis zum Pfannenrand hin verteilen und die Eimischung in die Mitte gießen, kurz stocken lassen und dann mit dem Reis mischen.
4. Die Erdnüsse fein hacken und mit dem Koriander über den Reis streuen.

Safran-Risotto mit Spargel

Zutaten für 4 Portionen

2 Zwiebeln
2 Knoblauchzehen
200 g Risottoreis
600 ml Brühe – selbstgemacht
100 ml Weißwein
200 g grüner Spargel
150 g Kirschtomaten
100 g geriebener Parmesan
4 Fäden Safran
Olivenöl

Dauer: 40 Minuten | **Schwierigkeit:** leicht

Zubereitung

1. Die Zwiebeln und Knoblauch schälen und fein würfeln. Den Spargel und die Tomaten klein schneiden.
2. In einer Pfanne etwas Öl erhitzen und Zwiebel und Knoblauch glasig andünsten. Den Reis einrühren und dünsten, bis die Körner glasig sind. Mit Wein ablöschen und einkochen lassen, dabei ständig umrühren.
3. Mit Brühe den Reis bedecken und bei mittlerer Hitze etwa **20 Minuten** köcheln. Nach und nach die restliche Brühe angießen und umrühren.
4. Den Spargel, die Tomaten und die Safranfäden einrühren, etwa **5-10 Minuten** weiterköcheln und am Schluss den Parmesan unterrühren.

Weißwein - Risotto

Zutaten für 4 Portionen

2 Schalotten
1 Knoblauchzehe
2 rote Spitzpaprika
200 g Zucchini
Italienische Kräuter
Olivenöl
Butter
400 g Risottoreis
250 ml trockener italienischer Weißwein
1 ½ l Gemüsebrühe
Zitronensaft
4 EL geriebener italienischer Hartkäse
Pfeffer aus der Mühle
Meersalz

Dauer: 45 Minuten | **Schwierigkeit:** leicht

Zubereitung

1. Die Schalotten und Knoblauchzehe schälen und in feine Würfel schneiden. Die Paprika und Zucchini längs halbieren, abspülen und klein würfeln. Die Kräuter fein hacken. Die Brühe zum Kochen bringen.
2. In einer großen Pfanne Olivenöl erhitzen und Schalotten und Knoblauch glasig dünsten. Den Reis dazugeben und kurze Zeit mitdünsten. Den Weißwein angießen und einkochen lassen. Etwa 1/3 der heißen Brühe eingießen und alles etwa **20-25 Minuten** bei mittlerer Hitze garen, bis der Reis bissfest ist. Immer wieder umrühren und die übrige Brühe dazugießen.
3. Etwa **10 Minuten** vor Ende der Kochzeit die Paprika, Zucchini und Kräuter untermischen und mit Salz, Pfeffer und Zitronensaft abschmecken. Dann den Käse einrühren.

Schweinefleisch - Reis

Zutaten für 4 Portionen

150 g Schweineschnitzel
½ Stange Porree
3 Möhren
100 g Erbsen
250 g Reis
400-500 ml Wasser
3 EL Ajvar – selbstgemacht
1 EL Sojasauce
Chili, Pfeffer, Salz

Dauer: 35 Minuten | **Schwierigkeit:** leicht

Zubereitung

1. Das Fleisch in kleine Streifen schneiden und in einem Topf mit etwas Öl anbraten.
2. Den Porree waschen und in Ringe schneiden. Die Möhren in sehr dünne Scheiben schneiden.
3. Nun alle Zutaten bis auf die Gewürze mit dem Wasser in den Topf geben und zum Kochen bringen. Auf mittlerer Hitze jetzt etwa **15-20 Minuten** köcheln lassen.
4. Sind der Reis und die anderen Zutaten weich und die Sauce sämig, das Gericht mit den Gewürzen abschmecken und servieren.

Vegetarische One Pot Gerichte

Asian Style – Reis

Zutaten für 2 Portionen

1 rote Paprika
1 Bund Frühlingszwiebeln
3 Eier
2 EL Sesamöl
3 EL Sojasauce
200 g Reis
1 EL Salz
Süße Chilisauce

Dauer: 25 Minuten | **Schwierigkeit:** leicht

Zubereitung

1. Die Paprika putzen und würfeln. Die Frühlingszwiebeln putzen und in Streifen schneiden. Die Eier auf einem tiefen Teller mit Sesamöl und Sojasauce verquirlen.
2. Den Reis in einem Topf mit etwa 400 ml Wasser übergießen und zum Kochen bringen. Etwas Salz und Sesamöl dazugeben und etwa **10 Minuten** unter Rühren köcheln lassen.
3. Ist die Flüssigkeit verdampf, Paprika und die weißen Stücke der Frühlingszwiebeln dazugeben, kurze Zeit garen. Die Eimischung einrühren, bis die Eier gestockt sind.
4. Die grünen Zwiebelteile und Chilisauce zum Garnieren verwenden.

Cremige Pilz-Pasta

Zutaten für 4 Portionen

3 kleine rote Zwiebeln
2 Knoblauchzehen
40 g Butter
1 TL brauner Zucker
1 EL Worcestersauße
200 ml Rotwein
1 EL Pilzgewürz
350 g Champignons
800-850 ml Gemüsebrühe – selbstgemacht
450-500 g kurze Pasta
200 ml Sahne
2 Lorbeerblätter
Pfeffer
Chilisalz
125 g Gruyere-Käse
1 HV Petersilie

Dauer: 40 Minuten | **Schwierigkeit:** leicht

Zubereitung

1. Die Zwiebeln und Knoblauch schälen und klein würfeln.
2. In einem großen Topf Butter zerlassen, Zwiebeln und Zucker bei mittlerer Hitze karamellisieren lassen. Die Worcestersauße und den Rotwein angießen und einkochen lassen. Champignons in den Topf geben und braten, bis sie Farbe angenommen haben.
3. Die Brühe, Lorbeerblätter und Nudeln dazugeben und unter Rühren solange kochen, bis das Wasser deutlich eingekocht ist.
4. Die Sahne dazugießen und köcheln lassen. Die Pasta jetzt würzen. Den Käse reiben und 1/3 unter die Nudeln rühren. Die Petersilie klein schneiden.
5. Nun den Rest Käse über die Nudeln streuen und servieren.

Tipp: Das Pastagericht kann am Schluss auch noch überbacken werden.

„Beschwipste“ Pasta mit Brokkoli

Zutaten für 4 Portionen

350 g Brokkoli
1 Knoblauchzehe
400-500 g Spaghetti
750 ml Rotwein
30 g vegetarischer Parmesan
1 EL Zucker
Pfeffer, Salz
1 EL Olivenöl
Wasser

Dauer: 45 Minuten | **Schwierigkeit:** leicht

Zubereitung

1. Den Brokkoli waschen und in kleine Röschen teilen. Den Knoblauch schälen und fein hacken.
2. In einem großen Topf mit Salzwasser den Brokkoli blanchieren, herausnehmen und in Eiswasser geben.
3. Im Kochwasser die Spaghetti **3-4 Minuten** kochen, dann abgießen und abschrecken.
4. Den Wein und Zucker in einem anderen Topf unter **Rühren 8-10 Minuten** bei großer Hitze kochen.
5. In einer Pfanne das Öl erhitzen, den Knoblauch **2-3 Minuten** anbraten. Den Brokkoli dazugeben, würzen und **3 Minuten** braten.
6. Die Nudeln in den Rotwein geben und verrühren. Die Hitze herunterdrehen und **5-6 Minuten** unter ständigem Rühren köcheln lassen. Die Nudeln sollen den Rotwein vollständig aufnehmen. Den Brokkoli unterheben und alles würzen.
7. Den Parmesan fein reiben und über die Pasta geben.

Kürbis – Kartoffel - Pfanne

Zutaten für 4 Portionen

750 g Kartoffeln
600 g Kürbisfleisch
1 Zwiebel
1 Chilischote
3 EL Rapsöl
220 g Sojasahne
120 ml Milch
50 g vegetarischer Parmesan
Pfeffer und Salz

Dauer: 30 Minuten | **Schwierigkeit:** leicht

Zubereitung

1. Die Kartoffeln waschen, schälen und in Würfel schneiden. Das Kürbisfleisch würfeln. Die Chilischote entkernen und fein hacken.
2. In einer großen Pfanne das Öl erhitzen und die Zwiebeln anbraten. Die Kartoffel- und Kürbiswürfel dazugeben und würzen. Etwa **15 Minuten** bei mittlerer Hitze braten, dabei den Chili zufügen.
3. Mit Sojasahne und Milch ablöschen und etwa **5-7 Minuten** köcheln lassen. Nochmal abschmecken und mit dem Parmesan bestreuen.

Mamis Reistopf mit Feta

Zutaten für 2 Portionen

1 l Wasser
4 EL Olivenöl
250 g Parboiled-Reis
1 TL Meersalz
250 g Cherry-Tomaten
150 g Feta
Pfeffer aus der Mühle

Dauer: 25 Minuten | **Schwierigkeit:** leicht

Zubereitung

1. Das Wasser zum Kochen bringen.
2. In einer tiefen Pfanne das Öl erhitzen und den Reis drei Minuten anrösten. Das heiße Wasser aufgießen. Das Salz einstreuen und etwa **10 Minuten** köcheln lassen.
3. Den Feta in Würfel schneiden. Mit den Tomaten in die Pfanne geben. Den Herd abschalten und die Pfanne mit Deckel etwa **5 Minuten** fertig köcheln lassen. Dann mit Pfeffer bestreuen und servieren.

One-Pot-Pasta mit Paprika

Zutaten für 2 Portionen

1 gelbe Paprika
1 grüne Paprika
1 rote Paprika
1 Zwiebel
300 g Vollkorn-Spaghetti
1 Ds stückige Tomaten
3 EL Olivenöl
2 EL Balsamico
Paprikapulver
Pfeffer
Salz
½ Gemüsebrühe – selbstgemacht

Dauer: 20 Minuten | **Schwierigkeit:** leicht

Zubereitung

1. Die Paprika halbieren, innere Teile und Häute entfernen. Die Paprika in Streifen schneiden. Die Zwiebel schälen, in Ringe schneiden.
2. Alle Zutaten in einen großen Topf geben, vermischen. Den Topfinhalt solange kochen, bis die Spaghetti gar sind – etwa **10 Minuten**.
3. Das Gericht auf Teller verteilen und servieren.

Pilz - Pasta

Zutaten für 2 Portionen

250 g Spaghetti
1 Knoblauchzehe
1 Zwiebel
100 g frische Champignons
Basilikum
5 Cherrytomaten
1 Ds Pizzatomaten
Salz und Pfeffer
2 EL Oregano
50 g geriebener Mozzarella
½ l Gemüsebrühe
½ l Wasser
2 EL Olivenöl

Dauer: 30 Minuten | **Schwierigkeit:** leicht

Zubereitung

1. Die Spaghetti halbieren. Die Knoblauchzehe und Zwiebel schälen und klein hacken. Die Pilze putzen und vierteln. Die Cherrytomaten waschen und vierteln. Die Basilikumblätter hacken.
2. Alle vorbereiteten Zutaten in einem großen Topf mit den Pizzatomaten mischen und mit Oregano, Pfeffer und Salz würzen. Die Brühe, das Wasser, das Öl, 2 EL Reibekäse und die Basilikumblätter dazugeben und alles aufkochen. Etwa **10-12 Minuten** kochen lassen, dabei etwa alle **2-3 Minuten** gut umrühren.

Pasta mit Quorn-Hack

Zutaten für 3 Portionen

½ Pck. Champignons
10 Stangen Frühlingszwiebeln
1 Topf Basilikum
1 Pck. - vegetarisches Hackfleisch
250 g Spaghetti
200 g Erbsen
300 ml Wasser
300 ml Sahne
Parmesan

Dauer: 20 Minuten | **Schwierigkeit:** leicht

Zubereitung

1. Pilze und Frühlingszwiebeln waschen, klein schneiden. Vom Basilikum alle Blätter abzupfen und waschen.
2. Das Hack in einem Topf kurz anbraten. Die Nudeln, Pilze, Frühlingszwiebeln, Basilikum, Erbsen dazugeben.
3. Das Wasser und die Sahne dazugießen, unter ständigem Rühren solange kochen, bis die Nudeln weich sind.
4. Mit den Gewürzen abschmecken und mit dem Parmesan bestreuen.

Schnelles - Curry

Zutaten für 3 Portionen

1 HV grüne Bohnen
1 HV Brokkoli
2 Baby-Pak Choi
2 Lauchzwiebeln
2 große Möhren
1 gelber Paprika
1 rote Paprika
2 TL rote Currypaste
375-400 g Langkornrreis
1 Ds Kokosmilch
200 ml Sahne
400 ml Wasser
3 TL Tandoori Gewürzmischung
Salz

Dauer: 60 Minuten | **Schwierigkeit:** leicht

Zubereitung

1. Alle Gemüse klein schneiden und mit allen Gewürzen und dem Reis in einen großen Topf geben.
2. Die flüssigen Zutaten dazugießen und bei kleiner Hitze und geschlossenem Deckel etwa **40 Minuten** garen.
3. Immer wieder umrühren und ggf. Wasser nachgießen.

Radicchio-Pasta

Zutaten für 2 Portionen

3 kleine Chorizo-Würste
4 getrocknete Tomaten in Öl
½ Radicchio-Knolle
1 Knoblauchzehe
½ EL Fenchelsamen
250 g Pasta
1 HV Walnüsse
550 ml Wasser
3 EL Olivenöl
Pfeffer und Salz
50 g vegetarischer Parmesan

Dauer: 35 Minuten | **Schwierigkeit:** leicht

Zubereitung

1. Die Würste in Scheiben schneiden. Die Tomaten abtropfen lassen, in kleine Stücke schneiden. Die äußern Blätter des Radicchio entfernen, Strunk herausschneiden. Die Radicchio in Streifen schneiden. Den Knoblauch schälen und klein hacken. Die Fenchelsamen mit einem Messer etwas andrücken.
2. Alle Zutaten –bis auf die Nüsse-, ½ l Wasser und das Öl in einem großen Topf kurz aufkochen, dann etwa **10 Minuten** köcheln lassen, bis die Nudeln gar sind.
3. Die Walnüsse hacken und kurz anrösten. Dann als Garnitur für die Pasta verwenden.

Sommer - Risotto

Zutaten für 2 Portionen

1 Zwiebel
2 Zucchini
3 Tomaten
1 Knoblauchzehe
135 g Reis
2 TV TK-Erbsen
1 gehäufter TL Basilikum
1 TL Salz
1 TL Currypulver
Je 1 TL TK Dill, Petersilie und Schnittlauch
2 EL Frischkäse
2 HV geriebener Gouda
Öl

Dauer: 30 Minuten | **Schwierigkeit:** leicht

Zubereitung

1. Zwiebel und Zucchini schälen und in Würfel schneiden. Die Tomaten würfeln. Den Knoblauch schälen und fein hacken.
2. In einem Topf etwas Öl erhitzen und Zwiebeln und Zucchini anbraten. Die Tomaten und den Knoblauch dazugeben und verrühren. Den Reis mit dem Salz und Basilikum in den Topf geben, unter Rühren Wasser angießen und den Reis weich kochen. Die Erbsen einrühren und kurze Zeit mitkochen.
3. Curry, Frischkäse und Kräuter einrühren, dann den Topf vom Herd ziehen. Mit den Gewürzen abschmecken und mit Gouda bestreuen.

Schupfnudeln mit Porree

Zutaten für 4 Portionen

1 Tomate
1 Stange Porree
200 g Pilze nach Wahl
500 g Schupfnudeln – selbstgemacht
Rapsöl
½ Würfel Instant-Gemüsebrühe
220 ml Sahne
Pfeffer und Salz

Dauer: 25 Minuten | **Schwierigkeit:** leicht

Zubereitung

1. Die Tomaten waschen und würfeln. Den Porree waschen und in feine Streifen schneiden. Die Pilze in Scheiben schneiden.
2. In einer Pfanne mit Öl die Schupfnudeln leicht anbraten. Die Pilze und den Porree zugeben und **2-4 Minuten** anbraten. Mit der Sahne ablöschen und mit der Brühe würzen. Die Tomate dazugeben und einrühren.
3. Ist die Sauce cremig eingekocht, das Gericht servieren.

Vegetarisches Mafe

Zutaten für 4 Portionen

400 g Kartoffeln
250 g Kohlrabi
250 g Möhren
100 g Zwiebeln
2 Knoblauchzehen
2 EL Rapsöl
1 EL Currypulver
400 ml Gemüsebrühe – selbstgemacht
2 EL Sojasauce
2 EL Erdnussbutter
1 EL Tomatenmark
Salz, Pfeffer, Chilipulver

Dauer: 45 Minuten | **Schwierigkeit:** leicht

Zubereitung

1. Die Kartoffeln, Kohlrabi und Möhren schälen und klein schneiden. Die Zwiebeln schälen und in feine Ringe schneiden. Den Knoblauch schälen und fein hacken.
2. Das Öl in einem großen Topf erhitzen und Zwiebeln und Knoblauch mit dem Currypulver anbraten. Die Möhren, Kohlrabi und Kartoffeln dazugeben und kurz anbraten.
3. Die Erdnussbutter, das Tomatenmark und die Sojasauce zugeben und mit der Brühe ablöschen. Kurz aufkochen und bei kleiner Hitze etwa **25-30 Minuten** das Gemüse garkochen. Mit Salz, Pfeffer und Chili abschmecken.

Spätzle mit Räuchertofu

Zutaten für 4 Portionen

300 g Baby-Spinat
250 g Champignons
200 g Räucher-Tofu
1 EL Öl
3 EL Röstzwiebeln
80-100 ml Brühe
200 ml Sahne
400-500 g Spätzle
Pfeffer und Salz
50 g geriebener Mozzarella

Dauer: 25 Minuten | **Schwierigkeit:** leicht

Zubereitung

1. Den Spinat waschen. Die Pilze putzen und in Scheiben schneiden. Den Tofu fein würfeln.
2. In einem Topf das Öl erhitzen, darin Champignons und Tofu etwa **3 Minuten** rundherum anbraten.
3. Den Spinat und die Röstzwiebeln dazugeben und nochmal **3 Minuten** anbraten. Mit der Brühe und Sahne ablöschen. Die Spätzle einrühren, salzen und pfeffern und zugedeckt etwa **5-10 Minuten** köcheln lassen.
4. Die Spätzle mit Mozzarella bestreuen, verrühren und servieren.

Vegane One Pot Gerichte

Asiatische One Pot-Pasta

Zutaten für 2 Portionen

2 Knoblauchzehen
1 Zwiebel
1 Zucchini
1 rote Paprika
1 HV Cherrytomaten
80 g TK-Erbsen
400 g stückige Tomaten – aus der Dose
1 ½ TL rote Currypaste
250 g Fusilli-Nudeln
1 TL Zitronensaft
Pfeffer und Salz
Öl für die Pfanne

Dauer: 35 Minuten | **Schwierigkeit:** leicht

Zubereitung

1. Die Knoblauchzehen schälen, fein hacken. Die Zwiebel schälen und fein würfeln. Zucchini schälen, in mittelgroße Würfel schneiden. Die Paprika halbieren, entkernen, in Würfel schneiden. Die Cherrytomaten halbieren.
2. In einem Topf Öl erhitzen, Zwiebel darin **2-3 Minuten** glasig anbraten. Den Knoblauch, Zucchini und Paprika zufügen und etwa **2-3 Minuten** anbraten.
3. Bis auf die Gewürze und die Cherrytomaten alle Zutaten in den Topf geben, etwa **15 Minuten** bei mittlerer Temperatur kochen. Kurz vor Ende der Kochzeit die Cherrytomaten dazugeben, mit Zitronensaft, Pfeffer und Salz abschmecken.

Gemüse-Reistopf

Zutaten für 2 Portionen

2 mittelgroße Zucchini
5 mittelgroße Möhren
300 g Kürbisfleisch
230 g Reis
1 TL Currypulver
1 EL Rapsöl

Dauer: 35 Minuten | **Schwierigkeit:** leicht

Zubereitung

1. Die Zucchini grob reiben. Die Möhren sehr fein reiben. Den Kürbis schälen und in Würfel schneiden.
2. Den Reis in einem Topf mit 500 ml Wasser übergießen und den Herd auf die höchste Stufe stellen. Die Zucchini, Möhren und den Kürbis zum Reis geben.
3. Das Öl und die Gewürze dazugeben und gut untermischen. Die Mischung mit Deckel aufkochen lassen.
4. Die Hitze reduzieren und leicht weiter ziehen lassen. Nach etwa **20 Minuten** prüfen, ob der Reis weich ist, sonst etwas Wasser angießen und weitergaren, bis kein Wasser mehr im Topf ist.

Tipp: Man kann für das Gericht nach Geschmack und Verfügbarkeit auch andere Gemüsesorten nehmen

Indischer Kichererbsen-Kartoffel-Topf

Zutaten für 2 Portionen

2 Stangen Porree
1 rote Paprika
4 mittelgroße Pellkartoffeln – vom Vortag
2 EL Olivenöl
140 g Baby-Spinat
1 Glas Kichererbsen
220 ml Sojasahne
2 EL Instant-Gemüsebrühe
Nach Geschmack Chilisauce, Salz

Dauer: 25 Minuten | **Schwierigkeit:** leicht

Zubereitung

1. Den Porree und die Paprika in feine Streifen schneiden. Die Kartoffeln pellen und würfeln.
2. In einer Pfanne das Öl erhitzen und den Porree anbraten. Die Paprikastreifen dazugeben und umrühren. Die Temperatur reduzieren und die Kartoffeln einrühren.
3. Den Spinat waschen und die Kichererbsen mit der Flüssigkeit dazugeben und unterrühren. Mit Gemüsebrühe und einigen Spritzern Chilisauce würzen. Bei kleiner Hitze **3-5 Minuten** köcheln lassen.
4. Die Sahne einrühren und nochmal mit Salz abschmecken.

Geschmälzte Maultaschen

Zutaten für 4 Portionen

6 Zwiebeln
Butter
Salz
Zucker
12 vegane Maultaschen – gerollt

Dauer: 20 Minuten | **Schwierigkeit:** leicht

Zubereitung

1. Die Zwiebeln schälen, achteln und in eine Pfanne mit Butter geben. Unter Rühren die Zwiebeln braten. Nun gut salzen und etwas zuckern.
2. Die Maultaschen in fingerdicke Streifen quer zur Wicklung schneiden.
3. Fangen die Zwiebeln an, braun zu werden, die Maultaschen in die Pfanne geben und einige Minuten in der Pfanne warm werden lassen.
4. Nochmal mit Salz und Zucker abschmecken und etwas Butter auf den Maultaschen schmelzen lassen.

Kichererbsen-Grünkohl-Topf

Zutaten für 6 Portionen

1 Zwiebel
3 Knoblauchzehen
2 Möhren
2 Süßkartoffeln
1 gelbe Paprika
1 kleiner Fenchel
4 HV Grünkohl
350 g Quinoa
2 EL Olivenöl
Je 1 TL Paprikapulver, Koriander, Kreuzkümmel, Kurkuma
Je ½ TL Ingwerpulver, Pfeffer, Salz, Zimt
1 Prise Cayennepfeffer
1 Ds stückige Tomaten
¾ l Wasser
2 EL selbstgemachte Gemüsebrühe
2 Ds Kichererbsen
1 Zitrone
Frische Kräuter – Koriander, Minze, Petersilie

Dauer: 60 Minuten | **Schwierigkeit:** leicht

Zubereitung

1. Die Zwiebel und Knoblauchzehen schälen, sehr klein hacken. Die Möhren und Süßkartoffeln schälen und klein schneiden. Die Paprikaschote entkernen, klein würfeln. Vom Fenchel die äußeren Blätter und den Kern entfernen, den Rest klein stückeln. Den Grünkohl waschen, die Blätter von den Stängeln entfernen.
2. In einem Bräter das Öl auf großer Hitze erhitzen. Die Zwiebeln und Knoblauch darin kurz anbraten. Die Hitze reduzieren, alle Gewürze dazugeben und nochmal **2 Minuten** anbraten.
3. Die Süßkartoffeln, Paprika, Möhren und Fenchel zufügen und alles etwa **2-3 Minuten** bei mittlerer Hitze anbraten.
4. Das Wasser mit der Brühe und den Tomaten in den Topf geben und bei großer Hitze aufkochen, dann bei kleiner bis mittlerer Hitze etwa **15-20 Minuten** köcheln, bis die Kartoffeln weich und bissfest sind.
5. Das Quinoa mit 1 TL Zitronensaft kochen, bis sich weiße Ringe um die Körner bilden. Das Kochwasser abgießen, das Quinoa beiseite stellen.
6. Die Kichererbsen in den Gemüsetopf geben, nochmal **10 Minuten** köcheln lassen.
7. Vor dem Servieren das Quinoa und den Grünkohl unterrühren, evtl. noch mit Salz würzen.
8. Frische Kräuter und Zitronensaft für die Garnitur verwenden.

Grüner Curry-Gemüsereis

Zutaten für 1 Portion

2 rote Spitzpaprika
1 Möhre
1 EL Rapsöl
200 g TK Blattspinat
125 g Reis
1 EL grüne Currypaste
Salz und Pfeffer

Dauer: 45 Minuten | **Schwierigkeit:** leicht

Zubereitung

1. Die Paprika und Möhre putzen, in Würfel schneiden und in einer Pfanne mit Öl andünsten. Den Spinat und Reis dazugeben und auf kleiner Hitze köcheln lassen. Ggf. noch Wasser angießen. Den Reis jetzt in **10-30 Minuten** bissfest kochen.
2. Die Currypaste einrühren und mit Pfeffer und Salz abschmecken.

One-Pot mit Quinoa

Zutaten für 4 Portionen

120 g Süßkartoffeln
½ Knoblauchzehe
1 Tomate
½ Avocado
½ Jalapenos
½ EL Tomatenmark
½ Ds Borlotti-Bohnen
20 g Granatapfelkerne
100 g Quinoa
120 ml Gemüsebrühe
100 g Mais – aus der Dose
½ EL Limettensaft
1 EL Petersilie
½ TL Kreuzkümmel
½ TL Chilipulver

Dauer: Minuten | **Schwierigkeit:** leicht

Zubereitung

1. Die Süßkartoffeln und Knoblauchzehe schälen und in Würfel schneiden. Die Tomate waschen und würfeln. Die Avocado halbieren, entkernen und das Fruchtfleisch würfeln. Die Jalapenos in Streifen schneiden.
2. Das Tomatenmark mit der Brühe verrühren und in einen Topf geben. Die übrigen Zutaten –bis auf Avocado, Limettensaft, Petersilie und Granatapfelkerne- dazugeben und kurz aufkochen. Die Hitze reduzieren und etwa **20-25 Minuten** köcheln lassen.
3. Die übrigen Zutaten in den Topf geben und unterrühren.

Pasta Primavera

Zutaten für 4 Portionen

300 g braune Champignons
1 Brokkoli
1 Zwiebel
2 HV Spinat
500 g Spaghetti
1 l Gemüsebrühe – selbstgemacht
200 ml Hafersahne
Pfeffer und Salz

Dauer: 30 Minuten | **Schwierigkeit:** leicht

Zubereitung

1. Die Pilze putzen und in Scheiben schneiden. Den Brokkoli waschen und in Röschen teilen. Die Zwiebel schälen und fein hacken. Den Spinat putzen.
2. In einem großen Topf die Brühe mit den Nudeln, Pilzen, Zwiebel und Hafersahne zum Kochen bringen. Nach etwa **5 Minuten** den Brokkoli und Spinat zufügen und die Spaghetti al dente kochen.
3. Mit Pfeffer und Salz abschmecken und servieren.

Reisnudeln mit Pak Choi und Pilzen

Zutaten für 2 Portionen

2 EL Rapsöl
1 Zwiebel
3 Knoblauchzehen
1 St Ingwer – daumengroß
1 HV kleine braune Champignons
2 Köpfe Pak Choi
100 g Zuckerschoten
2 EL Sojasauce
1 EL brauner Zucker
2 TL Gemüsebrühe
1 TL geröstetes Sesamöl
100 g dünne Reisnudeln
½ Tasse Wasser
1 Bio-Limette
1 Bund Koriandergrün

Dauer: 30 Minuten | **Schwierigkeit:** leicht

Zubereitung

1. In einem großen Wok oder Topf das Öl erhitzen.
2. Die Zwiebel, die Knoblauchzehen und den Ingwer schälen und fein hacken. Die Pilze vierteln. Den Pak Choi in feine Streifen schneiden. Dann alles mit den Zuckerschoten in den Wok geben und kurz braten. Die Sojasauce, den Zucker, die Brühe und das Sesamöl dazugeben und gut vermischen.
3. Die Zutaten am Rand des Woks verteilen, in die Mitte die Reisnudeln in die Sauce legen. Die Zutaten auf die Nudeln legen und das Wasser angießen. Mit Deckel etwa **3-5 Minuten** solange ziehen lassen, bis die Nudeln weich sind.
4. Den Deckel abnehmen und Saft ½ Limette einpressen, dann kurz bei großer Hitze braten. Mit dem gehackten Koriandergrün garnieren und servieren.

Spitzkohl-Curry

Zutaten für 4 Portionen

600 g Spitzkohl
3-4 mittelgroße Kartoffeln
3 Karotten
1 Knoblauchzehe
1 Zwiebel
1 St Ingwer – 2 cm
1 Chilischote
2 EL Öl
1 EL Currypulver
200 ml Kokosmilch
250-275 ml Gemüsebrühe – selbstgemacht
100 g rote Linsen
Kreuzkümmel, Pfeffer, Salz, Zucker

Dauer: 30 Minuten | **Schwierigkeit:** leicht

Zubereitung

1. Den Kohl vierteln, den Strunk entfernen und die Viertel in Streifen schneiden. Die Kartoffeln schälen und würfeln. Die Karotten in Scheiben schneiden. Die Knoblauchzehe und die Zwiebel schälen und fein hacken. Den Ingwer schälen und fein reiben. Die Chilischote entkernen und fein würfeln.
2. Das gesamte Gemüse in einem Topf mit Öl unter Rühren andünsten. Das Currypulver und den Kreuzkümmel zugeben und kurze Zeit mitdünsten. Die Kokosmilch und die Brühe angießen und abgedeckt etwa **10 Minuten** köcheln lassen. Die Linsen einstreuen und nochmal **10 Minuten** köcheln. Zum Schluss mit den Gewürzen abschmecken..

Süßkartoffel-Ananas-Curry

Zutaten für 4 Portionen

½ Ananas
750 g Süßkartoffeln
2 Karotten
1 Zwiebel
2 kleine Zucchini
200 g Sojasahne
Salz, Zucker
Pfeffer aus der Mühle
Currypulver
Geröstete Mandelblättchen
Rapsöl

Dauer: 35 Minuten | **Schwierigkeit:** leicht

Zubereitung

1. Das Ananasfleisch grob würfeln. Die Süßkartoffeln und Karotten schälen und würfeln. Die Zwiebel schälen und in sehr feine Würfel schneiden. Die Zucchini würfeln.
2. In einer großen Pfanne ohne Fett die Ananaswürfel goldbraun braten und dann auf einem Teller pfeffern und beiseite stellen.
3. Das Öl in der Pfanne erhitzen und die Zwiebeln andünsten. Die Kartoffeln und Karotten dazugeben und etwa **2 Minuten** andünsten. Mit Pfeffer, Salz und Zucker würzen. Die Zucchini kurze Zeit mitdünsten, die Sahne angießen und **10 Minuten** köcheln lassen.
4. Mit Currypulver abschmecken, die Ananaswürfel dazugeben und mit Mandelblättchen bestreut servieren.

Süßkartoffel-Erdnuss-Curry

Zutaten für 2 Portionen

2 Zwiebeln
3 Knoblauchzehen
1 St Ingwer – 5 cm
1 große Süßkartoffel
1 Paprikaschote
3 Möhren
250 g TK-Stangenbohnen
1 TL Kokosöl
3 EL Erdnussmus
2 TL Zitronensaft
1 TL gelbe Currypaste
Apfelessig
1 EL Agavendicksaft
½ Ds Kokosmilch
Pfeffer, Salz
Currypulver, Kurkuma

Dauer: 45 Minuten | **Schwierigkeit:** leicht

Zubereitung

1. Die Zwiebeln und Knoblauchzehen schälen und klein würfeln. Den Ingwer schälen und fein reiben. Die Süßkartoffel schälen und klein schneiden.
2. In einem Topf das Kokosöl schmelzen und Zwiebeln, Knoblauch und Ingwer anrösten.
3. Die Süßkartoffel, Paprika, Möhren und Bohnen dazugeben und etwa **5 Minuten** anrösten. Dann die übrigen Zutaten in den Topf geben und nach gewünschter Konsistenz Kokosmilch angießen.
4. Das Curry **15-25 Minuten** köcheln lassen. Mit den Gewürzen abschmecken.

Veganer Grünkohl

Zutaten für 6 Portionen

1 kg festkochende Kartoffeln
1 kg frischer Grünkohl
500 g Zwiebeln
400 ml Wasser
400 g Räuchertofu
3 EL Gemüsebrühe
75 g Pflanzenfett
100 ml mittelscharfer Senf
Pfeffer und Salz

Dauer: 60 Minuten | **Schwierigkeit:** leicht

Zubereitung

1. Die Kartoffeln schälen, klein würfeln und in kaltes Wasser legen. Den Grünkohl grob hacken. Die Zwiebeln schälen und klein würfeln. Den Tofu in kleine Würfel schneiden.
2. In einem Topf 50 g Fett erhitzen und die Zwiebeln glasig andünsten. Den Grünkohl dazugeben und leicht dünsten. Das Wasser und die Brühe einfüllen und bei mittlerer Hitze köcheln lassen.
3. In einer Pfanne mit dem übrigen Fett den Tofu kräftig anbraten.
4. Nach etwa **45 Minuten** die Kartoffeln zum Grünkohl geben und nochmal **20 Minuten** köcheln lassen. Den Tofu zugeben und wieder **15 Minuten** köcheln. Mit Senf, Pfeffer und Salz abschmecken.

Tipp: Das Gericht schmeckt aufgewärmt nochmal so gut!

Vegane Quinoa-Bowl

Zutaten für 3 Portionen

2 Knoblauchzehen
1 Chilischote
1 rote Paprika
1 TL Olivenöl
2 EL Tomatenmark
180-200 g rote Quinoa
125 ml Gemüsebrühe
250 g Mais – aus der Dose
150 g Erbsen – aus der Dose
100 g Kidneybohnen – aus der Dose
Chilipulver
Paprikapulver
Pfeffer
Salz
1 Avocado
Saft einer ½ Limette
Korianderblätter

Dauer: 40 Minuten | **Schwierigkeit:** leicht

Zubereitung

1. Den Knoblauch schälen, in kleine Würfel schneiden. Die Chilischote längs halbieren, entkernen. Die Paprika klein schneiden.
2. In einer hohen Pfanne das Öl erhitzen, den Knoblauch und Chili anbraten. Das Tomatenmark dazugeben und kurze Zeit rösten.
3. Das Quinoa waschen und in die Pfanne geben. Alles mit der Brühe ablöschen. Paprika, Mais, Erbsen und Bohnen zufügen. Die Gewürze einstreuen und alles zugedeckt bei mittlerer Hitze etwa **20 Minuten** köcheln.
4. Die Avocado schälen, in kleine Stücke schneiden und mit Limettensaft und Koriander unterheben.
5. Nun nochmal abschmecken und servieren.

One Pot Gerichte für Kinder

Konfetti-Nudeln

Zutaten für 2 Portionen

1 Karotte
1 rote Paprika
1 Schalotte
120 g Kirschtomaten
1 Ds Mais
1 EL Rapsöl
130 g kleine Nudeln
60 g TK-Erbsen
220 ml Gemüsebrühe
120 ml Milch
1 TL TK-Petersilie
Salz und Pfeffer
Mildes Paprikapulver

Dauer: 20 Minuten | **Schwierigkeit:** leicht

Zubereitung

1. Die Karotte und Schalotte schälen und klein würfeln. Die Paprika in kleine Würfel schneiden. Die Tomaten achteln. Den Mais abgießen und abtropfen lassen.
2. In einem Topf das Öl erhitzen und das geschnittene Gemüse etwa **3 Minuten** anbraten. Die Nudeln, Erbsen, Brühe, Milch, Tomaten und Petersilie dazugeben und mit Deckel aufkochen lassen. Bei mittlerer Hitze etwa **8-10 Minuten** unter Rühren köcheln lassen. Den Mais kurz vor Ende der Kochzeit unterheben.
3. Mit wenig Paprika, Pfeffer und Salz abschmecken.

Babys erste Pasta

Zutaten für 1 Erwachsene und 1 Baby

1 Ds Tomaten
1 kleiner Zucchino
1 Möhre
5 Basilikumblätter
150 g Fusilli
1 EL Rapsöl

Dauer: 25 Minuten | **Schwierigkeit:** leicht

Zubereitung

1. Die Tomaten mit einem Messer etwas zerteilen und in einen Topf geben. Die Dose halb mit Wasser füllen und in den Topf gießen.
2. Die Zucchini waschen und grob reiben. Die Möhren schälen und fein reiben. Den Basilikum in feine Streifen schneiden. Dann alles mit den Nudeln und dem Öl zu den Tomaten geben. Die Masse gut umrühren, so dass die Nudeln bedeckt sind. Ggf. noch Wasser angießen.
3. Bei mittlerer Hitze alles unter Rühren sanft köcheln lassen. Nach etwa **15 Minuten** die Nudeln prüfen, sie sollen ganz weich sein.

Möhrensuppe für Jung und Alt

Zutaten für 5 Portionen

5 Kartoffeln
2 kg Möhren
Gemüsebrühe
Pfeffer und Salz
Petersilie

Dauer: 35 Minuten | **Schwierigkeit:** leicht

Zubereitung

1. Die Kartoffeln schälen und in kleine Stücke schneiden. Die Möhren schälen und in Stücke schneiden.
2. Die Stücke in einen großen Topf geben, mit Brühe bedecken und etwa **20 Minuten** köcheln lassen. Mit Pfeffer und Salz abschmecken.
3. Mit einem Stabmixer die Suppe etwas dickflüssiger pürieren.
4. Mit Petersilie bestreuen und servieren.

Erbsensuppe mit Kokosschaum

Zutaten für 4 Portionen

500-700 g TK-Erbsen
Pfeffer und Salz
Gemüsebrühe
Wasser
Kokosmilch

Dauer: 20 Minuten | **Schwierigkeit:** leicht

Zubereitung

1. In einem Topf die Erbsen mit Brühe und etwas Wasser bedecken und etwa **10 Minuten** köcheln lassen.
2. Die Suppe mit dem Stabmixer pürieren und würzen.
3. Die Kokosmilch z.B. in der Kaffeemaschine aufschäumen lassen und mit der Suppe servieren.

Sperelli - Topf

Zutaten für 3 Portionen

3 Zwiebeln
2 Knoblauchzehen
500 g gemischtes Hackfleisch
500 g Nudeln nach Wahl
1 Becher Schmand
1 l Brühe
TK-Kräuter
Rapsöl
Pfeffer und Salz

Dauer: 20 Minuten | **Schwierigkeit:** leicht

Zubereitung

1. Die Zwiebeln schälen und in kleine Würfel schneiden. Den Knoblauch schälen und pressen.
2. In einem Topf das Öl erhitzen und das Hackfleisch krümelig anbraten. Die Zwiebeln und den Knoblauch zugeben und etwa **2-3 Minuten** mitbraten.
3. Die Brühe angießen und aufkochen. Die Nudeln dazugeben und alles etwa **10 Minuten** bei mittlerer Hitze mit Deckel kochen lassen.
4. Sind die Nudeln weich, evtl. vorhandene Flüssigkeit abgießen, den Schmand und die Kräuter einrühren und mit Pfeffer und Salz abschmecken.

Nudelmix

Zutaten für 4 Portionen

3 Möhren
1 Zwiebel
1 rote Paprika
Rapsöl
200 ml Sahne
4 EL Erdnussbutter
Mie-Nudeln
Currypulver, Pfeffer, Salz

Dauer: 20 Minuten | **Schwierigkeit:** leicht

Zubereitung

1. Das Gemüse putzen und klein schneiden.
2. In einem Wok oder einer tiefen Pfanne das Gemüse in etwas Öl anbraten. Mit der Sahne ablöschen. Die Erdnussbutter dazugeben und alles kurz aufkochen lassen. Mit den Gewürzen abschmecken.
3. Die Nudeln nach Packungsanleitung zubereiten und dann unter die Sauce heben.

Zucchini-Pilz-Pasta

Zutaten für 5 Portionen

1 Zucchino
2 Knoblauchzehen
250 g frische Champignons
4 Zweige frischer Thymian
1 kleiner Zweig Rosmarin
1 ½ l Gemüsebrühe
120 ml Sahne
500 g Pasta nach Wahl
Pfeffer und Salz

Dauer: 45 Minuten | **Schwierigkeit:** leicht

Zubereitung

1. Die Zucchini vierteln und in feine Stücke schneiden. Den Knoblauch schälen und grob hacken. Die Pilze halbieren und in kleine Stücke schneiden.
2. Alle Zutaten –bis auf Sahne und Gewürze- in einen großen Topf geben und bei mittlerer Hitze kochen, bis die Nudeln bissfest sind. Für weitere **5 Minuten** mit Deckel ziehen lassen, dabei ab und zu umrühren. Ggf. noch Wasser angießen.
3. Die Sahne unterrühren und mit Pfeffer und Salz abschmecken.

Risi-Bisi-Reis

Zutaten für 2 Portionen

2 Scheiben Kochschinken
60 g Kohlrabi
1 Schalotte
1 EL Rapsöl
100 g Risotto-Reis
200 ml Gemüsebrühe
120 ml Milch
150 g TK-Erbsen
1 EL TK-Petersilie
3 EL geriebener Parmesan

Dauer: 20 Minuten | **Schwierigkeit:** leicht

Zubereitung

1. Den Schinken klein schneiden. Die Kohlrabi und Schalotte schälen und in Würfel schneiden.
2. In einer Pfanne das Öl erhitzen und Kohlrabi und Schalotte andünsten. Den Reis und Schinken zufügen und kurze Zeit anbraten.
3. Die Brühe, Milch, Erbsen und Petersilie dazugeben und aufkochen lassen. Etwa **10 Minuten** unter Rühre köcheln lassen. Den Parmesan unterheben und servieren.

Tomaten - Risotto

Zutaten für 4 Portionen

1 Zwiebel
2 große Tomaten
Basilikum
Tomatenmark
Olivenöl
500 g Risotto-Reis
1 ½ l Gemüsebrühe
Parmesan
Oregano, Pfeffer, Salz, Zucker

Dauer: 40 Minuten | **Schwierigkeit:** leicht

Zubereitung

1. Die Zwiebel schälen und würfeln. Die Tomaten in Würfel schneiden. Das Basilikum waschen und hacken.
2. In einem Topf das Öl erhitzen und die Zwiebel glasig andünsten. Den Reis zugeben und mit dünsten. Die Tomaten und 2 EL Tomatenmark zufügen und auch andünsten. Etwas Zucker einstreuen.
3. Mit der Brühe ablöschen und etwa **15-20 Minuten** köcheln, bis die Flüssigkeit fast verdampft ist.
4. Den Parmesan untermischen und mit Oregano, Pfeffer und Salz abschmecken.

Warmes Müsli

Zutaten für 2 Portionen

1 Apfel
1 TL Butter
1 TL Zimtpulver
60 g Haferflocken
250 ml Milch
1 TL Honig
2 EL Rosinen
2 EL Joghurt – Natur

Dauer: 20 Minuten | **Schwierigkeit:** leicht

Zubereitung

1. Den Apfel schälen und das Kerngehäuse entfernen. Den Apfel klein stückeln.
2. In einem kleinen Topf die Butter schmelzen und den Apfel mit dem Zimt etwa **5 Minuten** anbraten. Die Haferflocken, Milch und Honig zugeben und etwa **10 Minuten** auf mittlerer Hitze unter Rühren köcheln lassen.
3. Die Rosinen und den Joghurt unterheben und servieren.

Haftungsausschluss

◆◆◆◆◆◆◆◆◆◆◆◆◆◆◆◆◆◆◆◆◆◆◆◆◆◆◆◆

De
r Inhalt dieses Buches wurde mit großer Sorgfalt geprüft und erstellt. Für die Vollständigkeit, Richtigkeit und Aktualität der Inhalte kann jedoch keine Garantie oder Gewähr übernommen werden. Der Inhalt dieses Buches repräsentieren die persönliche Erfahrung und Meinung des Autors und dient nur dem Unterhaltungszweck. Der Inhalt sollte nicht mit medizinischer Hilfe verwechselt werden. Es wird keine juristische Verantwortung oder Haftung für Schäden übernommen, die durch kontraproduktive Ausübung oder durch Fehler des Lesers entstehen. Es kann auch keine Garantie für Erfolg übernommen werden. Der Autor übernimmt daher keine Verantwortung für das Nicht-Erreichen der im Buch beschriebenen Ziele.

 Kontakt: Michel Schubert / Ermlinghofer Str. 25 / 44263 Dortmund
Covergestaltung: Autor Pseudonym Coverfoto: depositphotos.com

14217593R00064

Printed in Germany
by Amazon Distribution
GmbH, Leipzig